阅读成就思想……

Read to Achieve

沟通错位

Negotiating the Sweet Spot
The Art of Leaving Nothing on the Table

皆大欢喜的谈判妙招

［美］莉·汤普森（Leigh Thompson）◎ 著　赵欣 ◎ 译

中国人民大学出版社
· 北京 ·

图书在版编目（CIP）数据

沟通错位：皆大欢喜的谈判妙招 /（美）莉·汤普森（Leigh Thompson）著；赵欣译. -- 北京：中国人民大学出版社，2021.8
ISBN 978-7-300-29541-1

Ⅰ. ①沟… Ⅱ. ①莉… ②赵… Ⅲ. ①谈判学－通俗读物 Ⅳ. ①C912.3-49

中国版本图书馆CIP数据核字(2021)第147266号

沟通错位：皆大欢喜的谈判妙招

[美] 莉·汤普森（Leigh Thompson） 著

赵欣 译

Goutong Cuowei: Jiedahuanxi de Tanpan Miaozhao

出版发行	中国人民大学出版社		
社　　址	北京中关村大街31号	邮政编码	100080
电　　话	010-62511242（总编室）	010-62511770（质管部）	
	010-82501766（邮购部）	010-62514148（门市部）	
	010-62515195（发行公司）	010-62515275（盗版举报）	
网　　址	http://www.crup.com.cn		
经　　销	新华书店		
印　　刷	北京联兴盛业印刷股份有限公司		
规　　格	148mm×210mm　32开本	版　次	2021年8月第1版
印　　张	6　插页2	印　次	2021年8月第1次印刷
字　　数	120 000	定　价	59.00元

版权所有　　侵权必究　　印装差错　　负责调换

本书赞誉

汤普森的《沟通错位》为驾驭个人和商业生活中的冲突提供了宝贵的经验。本书中的每一个故事和最佳实践都引导着读者更深入地了解如何在人生的谈判桌上解决问题，如何巧妙地处理问题，以及如何学习和不断成长。

LIN SHIU YI
Technigroup Far East 公司所有者
Cell Viable 公司首席执行官

莉·汤普森将她多年的研究和课堂经验应用于谈判过程中。她将行为科学的理论提炼和简化为人人可以使用的简单方法。《沟通错位》是执业律师和其他想要在生活各方面进行成功谈判之人的必读书籍。

凯伦·麦加菲（Karen McGaffey）
美国博钦律师事务所（Perkins Coie LLP）合伙人
国家环境、能源和资源实践主席

应对冲突对我们很多人来说都是一个痛点——无论是在工作之中还是工作之外。《沟通错位》一书使我们有可能放弃妥协，创造出超出所有人想象的选择。而且，我们可以学习到这个过程中涉及的技能，以及如何以简单实用的方式构建它们。现在，我们不仅有可能找到最有效点，而且有一系列工具可以用来实现这个目标！

艾利森·尼德科恩（Alison Niederkorn）

谷歌执行领导力设计者、引导者和培训师

在日常销售工作中，我面临着建立信任、加速客户成功和最大化交易价值的挑战。《沟通错位》一书中提供的工具是谈判领域的一个突破，对我的业绩和商务关系产生了直接影响，同时也非常有助于我和客户实现真正的双赢。

丹尼斯·赖施（Dennis Raisch）

Salesforce 公司高级企业客户经理

汤普森基于证据的、切实且实用的工具已经指导我在无数的专业谈判中取得了我从未想象过的成功。你将在阅读《沟通错位》一书时发现，谈判并不都是发生在会议室里。这将拓宽你对如何实现利益最大化、在专业关系和个人关系中增强自我实力的理解，就像我一样。

凯文·A. 凯利赫（Kevin A. Kelliher）

FrontierBPM 公司商务战略和运营总监

序 言

"双赢"的概念已经存在了数十年。它听起来很不错：公平，划算，有助于增进关系。获得双赢好像易如反掌，但真的是这样吗？人们在商业和个人生活中获得了"双赢"的结果吗？

遗憾的是，答案通常是"没有"。我的研究表明，人们通常无法在个人和职场谈判中获得最大的潜在收益。例如，我的模拟研究表明，平均约20%的潜在收益未能被才华横溢的理财经理充分利用，这相当于他们将每笔交易20%的价值扔进了垃圾箱。也就是说，在一笔价值10万美元的商业交易中，大约有2万美元被白白丢掉了。

我在研究中问理财经理的下一个问题是他们多久进行一次谈判。他们的回答是每周一次或者每月一次。如果按照这个频率计算，那么我们每年岂不是浪费了20万美元，甚至更多！如果理财经理有10年的职业生涯，那么我们因未能实现双赢而遭受的损失保守估计约为200万美元！现在，假设你是一位管理者，并且拥有10名直接下属，如果将他们的损失计算在内，那么我们现在的损失接近2000万美元。你一定能意识到问题的严重性：看似杯水车薪，实则损失惨重！

当伴侣、朋友或家人始终无法满足彼此的需求，并最终沮丧失望且伤害到彼此时，我们同样可以计算出损失的价值。的确，当涉及人际关系时，使任何一种互动的价值最大化所涉及的利害关系往往比我们的职业生活更重要。当人们理应得到某种利益却未得到时，他们之间的关系可能就会出现嫌隙，有时甚至会彻底破裂。

学习如何获得最大价值能够使我们拥有成功的人际关系，并且真正享受我们的闲暇时光或者平衡我们的工作和生活。请记住：很多人在处理人际关系时都会避免冲突，他们不愿意节外生枝，常常通过猜测对方的心思来保持关系和睦。与此同时，对方也在这样做，这就在多个维度上导致了次优结果。好消息是，你无须跨越高门槛便可以学习本书中的策略，并使用它们来最大化你的人际关系价值，也就是我所说的"最有效点"（sweet spot）。

人们一般认为，"双赢"谈判几乎只关注金钱和其他经济资源，如服务、产品、市场份额和财务回报。在本书中，我拓宽了"最有效点"一词的范围，涵盖了人们在商业和生活中关心的所有事情，而这些事情并不总能用金钱来衡量。因此，最有效点既指金钱，也指无形但具有无限价值的非金融资源。当人们找到最有效点时，无论他们如何定义它——幸福惬意、心境平和、心满意足、顺心如意、关系稳定，以及对人际关系和商业交易的信任——都会使其价值最大化。所以，让我们抛开"赢-输"的框架，转而专注最有效点。

在本书中，我将人们未能在商业和人际关系中实现价值最大化的情况称为错过了最有效点；相反，当他们利用自己的兴趣、需求和愿望，为自己和商业伙伴、配偶以及朋友创造了价值时，他们就找到了最有效点。

那么，在这个过程中会出现什么问题呢？正如我们将要看到的，令人震惊的是，人们错过最有效点的频率如此之高，即使是那些摆在他们面前的交易也不例外。为什么会这样？这并不是因为人们缺乏尝试或者只说不做，而是因为最有效点很难找到。很多人掉进了"陷阱"，使他们远离了最有效点，走反了方向！事实上，我们大多数人都被教导要避免冲突，要一分为二地看事情，或者要反复尝试，直到得到自己想要的东西。然而，这些策略在个人生活或商业中都是无效的。

找到最有效点是一项技能。像任何技能一样，它需要练习。我们大多数人都没有习得这种技能。确实，期望人们在没有任何训练、练习、反馈或经验的情况下找到最有效点，无异于将不会打网球的他们带到网球场上，没有任何教练或指导，希望他们能够"无师自通"。

幸运的是，有一些可靠的方法可以帮助你走出困境，在人际关系和商业合作中创造有意义且持久的价值。到目前为止，这些方法主要是为商科学生和学习高级管理课程的高管人员开发的。在我的职业生涯中，我致力于研究管理者和高管应如何谈判。我的研究成果已经形成了一套强大的技术，这些技术不仅可以在董事会会议或一般会议上使用，而且可以在餐桌上使用。在研究商务谈判之前，我获得了咨询心理学的硕士学位。在心理咨询诊所的经历让我深刻地认识到，糟糕的冲突解决方案是如何阻碍人们与同伴、配偶、孩子和父母达成最有效点结果的。

在本书中，我将这些可靠的、有研究支持的最佳实践转化为可以应用于日常谈判和冲突局势中的工具。这些工具在我们的人际关系、职场和虚拟生活中都很有用。我称这些工具为"妙招",它们很有效,你不需要大量的金钱、培训或时间就可以学会使用。你不必成为首席执行官、高级副总裁或区域品牌经理,就可以学会如何在人生的各种谈判中找到最有效点。你只要愿意学习就行了。

在我撰写本书时,新型冠状病毒肺炎(Corona Virus Disease 2019,COVID-19)的大流行震惊了世界,这种疾病的迅速蔓延与2019年底发现的新型冠状病毒有关。几乎在一夜之间,医疗危机和居家令导致大多数组织和人们的互动面临着最彻底的调整,而这是人们从未经历过的,因此,个人、工作和社区生活都陷入了一片混乱,企业、社区、夫妻和家庭都经历了动荡,这影响了人际关系、职场和虚拟沟通。

与这一流行病有关的最深刻的变化之一是,人们要适应从轻松舒适的面对面商务会议和互动到虚拟的团队和工作的过渡(包括正式和非正式谈判)。没有备忘录,没有培训计划,没有应对新现实情况的流程,事情就这样发生了,每个人都不得不适应。这意味着人们必须迅速重新思考和重新设计他们的人际关系、职场关系和互动,同时习得或提高自己的虚拟协作技能。这些巨变对本书的理念和提供的工具都有着深远的影响。

随着全球"新常态"的到来,重要的是不要盲目地认为在会议室中有效的技能可以无缝地应用于电话会议,或者认为在面对面时有效的技能会在屏幕上继续发挥作用。当工作真正被带入客厅时,很多家庭和夫妻不得不就他们的工作和家庭生活"重新谈判"。谈判的内容无非是谁得到了家庭办公室,谁需要待在储物间,以及如何最好地让孩子们在家学习。在失去人际关系、工作和亲人的过程中寻找"最有效点"的能力都从未如此重要。

当你开始重建你的生活、企业、家庭和社区时，你在本书中学到的理念和学会使用的工具将被证明是有价值的。例如，我在第 7 章中介绍了充分利用虚拟互动的关键技巧，即使在新冠肺炎危机之前，虚拟互动在工作和家庭生活中所占的比重也是在不断上升的。总的来说，我提出了一套完整的策略，来应对个人、商业和虚拟生活中的冲突，无论这些冲突是与时代的巨大变化和压力有关，还是与日常生活和商业有关。我们所有人都正在重建新生活，我相信，阅读本书的收获将帮助你在这个过程中找到最有效点。总之，我很荣幸能在这本书中将我几十年来学到的寻找最有效点的技能教授给你，令你有所获益。找到最有效点不仅让人们感觉良好，而且能保持和增进人际关系，从而确保人们在个人、商业或虚拟生活中获得长期成功。

目 录

01 Chapter 什么是最有效点
陷阱1:"让我赚大钱" / 004

陷阱2:"平分" / 007

陷阱3:"双赢"幻觉 / 010

02 Chapter 最有效点的衡量

03 Chapter 我们为什么会错过最有效点

04 Chapter 我们为什么需要关于最有效点的妙招

关键一：信念 / 030

关键二：易于使用 / 031

关键三：抛开传统观念 / 032

关键四：做好失败的准备 / 033

05 Chapter 解决关系问题的最有效点

四个双输陷阱 / 042

重新考虑关系的建议 / 055

提升人际友好度的谈判妙招 / 055

妙招 1　共情和换位思考 / 056

妙招 2　将不信任转化成善意的质疑 / 059

妙招 3　表达失望 / 061

妙招 4　有策略地避免眼神接触 / 063

妙招 5　提要求时，想象自己代表着团队或其他人 / 065

妙招 6　沉默以待，但表明自己在思考 / 068

妙招 7　用"解决问题"代表"谈判" / 069

妙招 8　不要肯定自己，而要肯定对方 / 075

妙招 9　有意识地镜像对方的肢体语言 / 077

本章小结 / 080

06 Chapter 职场中的最有效点

战斗还是逃跑 / 083

在职场中实现双赢的谈判妙招 / 085

    妙招 1　在进入实质内容之前就过程达成一致 / 088

    妙招 2　不要面无表情 / 091

    妙招 3　找到对方最关心的问题 / 095

    妙招 4　在达成交易的基础上寻找更好的解决方案 / 097

    妙招 5　休戚与共 / 099

    妙招 6　知己知彼 / 101

    妙招 7　让律师走人 / 102

    妙招 8　以书面形式提出想法 / 105

    妙招 9　匿名提出解决方案 / 107

    妙招 10　"热-暖-冷"策略 / 110

    妙招 11　就部分问题达成临时协议 / 111

    妙招 12　使用广角心理镜头看问题 / 112

    妙招 13　谈判之前先握手 / 115

本章小结 / 116

07 Chapter 虚拟生活中的最有效点

电子沟通的五大严重影响 / 124

隔空不隔心的谈判妙招 / 133

    妙招 1　电子沟通前先"闲聊" / 133

    妙招 2　多传达积极信息 / 137

妙招 3　只提好消息 / 138

妙招 4　尽早与你的对话伙伴变得相似 / 140

妙招 5　一图胜千言 / 144

妙招 6　善用"镜子" / 145

妙招 7　先提出问题 / 146

妙招 8　不要开门见山 / 147

妙招 9　善用道歉 / 151

妙招 10　学会辨别谎言 / 152

妙招 11　别那么骄傲 / 154

本章小结 / 156

08 Chapter　实践"谈判妙招"的妙招

妙招 1　习惯成自然 / 158

妙招 2　养成一个新习惯 / 159

妙招 3　学会自我调侃 / 160

妙招 4　电梯游说 / 161

妙招 5　帮助别人应对他们面临的冲突或谈判 / 162

妙招 6　熟能生巧 / 164

妙招 7　"让我们试试别的吧" / 165

妙招 8　不要为了一棵树而忽视整片森林 / 166

本章小结 / 168

后　记 / 171

Chapter One　What Is the Sweet Spot?

第 1 章　什么是最有效点

最近，我和几位同事加入了一个开发团队，设计了一个新的线上多课程专业。这是一个庞大的项目，参与这项工作的每位教员都有自己独特的需求和偏好。不可否认，我是一个比较特立独行的人，向来喜欢用自己的方式做事。在一次动员会议上，我们五个人围坐在桌旁，尽力在表达自己的想法和努力实现团队合作之间取得平衡。我们必须做出的几个关键决策包括课程的顺序（如谁上第一节课，谁上第二节课等）、创建一个涵盖所有课程内容的最终项目、拍摄时间表以及其他问题。我对所有这些问题都有自己的想法。我希望把我的课程排在第一节（以适应我的行程安排），我想在下午拍摄（我知道我需要预留化妆和造型的时间），而且我希望尽可能少地参与最终项目。但是，我不想表现得飞扬跋扈，因为我们之前都没有工作关系，过于苛求会导致团队关系紧张。

就在我们第一次会面的几分钟后发生了一件有趣的事情。该项目的负责人是一位高级职员，她用事先准备好的幻灯片展示了她所谓"公平合理"的日程安排。我对屏幕上呈现的内容感到不太满意，因为我的课程被排在倒数第二节，我不得不开始构思撰写最终项目，而且拍摄时间表也很混乱。我环顾四周，其他人似乎都默默同意了她的提议。

大约 45 分钟后，会议结束了。"好吧，和其他教员打交道向来都不容易。"我起身准备离开时这样安慰自己。但当我走出会议室时，另一位小组成员说："我真的认为应该把你的课程排在第一节。"我说："真的吗？你能接受吗？""当然了。"她说，因为她还没有准备好内容，还需要几周时间。

她补充说，我的内容将为其他课程打下良好的基础。看到这个机会，我们迅速把其他三位教员拉回会议室，随即交谈起来。我们发现，原来其中一位教员很想撰写最终项目，因为他正在写一个新的大型商业案例；另一位教员只想在上午拍摄，因为下午要照顾孩子。在幻灯片打印件的背面，我们草拟了一个计划，这个计划完全不符合所谓的"公平合理"，但我们都认为这样的安排更好。不到 45 分钟，我们就找到了最有效点！

回想起来，我意识到自己差点错过最有效点，我和我的同事们差点走上了一条只会浪费时间、精力和金钱的不归之路，更不用说我们都有些紧张和不满了，这一切都是因为我们确信其他人持有截然相反的观点，或者至少不同意我们的观点。为了避免压力、成为好同事以及维护自己的声誉，我们都没有提出反对意见，并做出了让步。幸运的是，我们会在事后自我反思，并最终找到了最有效点，但也很可能没有！想一想，在生活中，人们有多少次满足于一个不太理想的安排，包括差点错过最有效点。

人们这样做了太多次，甚至令这种做法有了一个名字。诺贝尔奖得主赫伯·西蒙（Herb Simon）创造了"满足化"（satisficing）这个词，用来指人们满意于不太理想的结果的情况。

满足化与最优化相反。当我们满足时，我们可能会和解、妥协或者认输；相反，当我们寻求最优时，我们可能会以一种互惠的方式利用关系中的所有潜力。那么，为什么人们会选择满足而不是最优呢？西蒙认为，人们太懒惰且吝啬他们的时间，所以懒得去思考、研究和寻找最优。作为"认知吝啬者"，人们会尽量减少能量消耗，并寻找捷径。

稍等一下。作为一位教授谈判课程的商学院教授，我周围的人可一点也不懒惰！事实上，他们矢志不移地要提升自己的水平，并愿意投入大量的时间和精力来提升自己各方面的业务技能。一定有什么别的原因。在我对谈判的研究过程中，我发现了三个"陷阱"，它们有效地阻止了人们找到最有效点。

陷阱1："让我赚大钱"

让我们面对现实吧！商务谈判中的"双赢"通常涉及金钱和其他经济方面的有形资源，这些资源可以用某种通用的效用尺度来衡量。由于谈判通常等同于金钱，因此，人们认为自己必须在成为利己主义者（即残酷无情的人）或团队合作者（即为团队服务）之间做出选择。这种错误的二分法导致了两种次优策略：人们要么太咄咄逼人，要么太容易妥协。事实上，大多数商人都很在乎金钱和人际关系。普鲁伊特（Pruitt）和鲁宾（Rubin）的双重关注模型认为，只要谈判者既能关注自己的利益,也能关注对方的利益,他们就能找到最合适的交易。

那么,问题来了,大多数人都认为其他人是自私的,而这往往会让商人变得争强好胜。简而言之,我们看待别人的方式和看待自己的方式是不同的。例如,一项针对律师的研究显示,大多数律师都是出于内在动机去做他们所做的事;他们之所以被自己的职业所吸引是因为他们想要做出积极的改变。然而,同样是这些律师,他们会认为其同事完全是受到经济报酬(即金钱)的驱使。因此,人们是有双重标准的:他们认为其他人的动机完全是经济利益,而他们自己只关注内在价值,如为世界做善事。

同样,一项关于竞争型和合作型人格类型的研究发现,具有竞争型人格的人认为世界到处都有竞争,而具有合作型人格的人则认为世界要复杂得多。这一切意味着什么?因为我们总是认为别人比我们更自私,所以当我们遇到冲突时,我们往往会采取防御措施,为似乎存在利益冲突的事情做好准备。在这样做的同时,我们确认了对方对我们的看法,也就是说,他们仍然认为我们是自私的,而且他们也相应地采取了行动。

此外,赚更多钱并不总会让人们感到更成功或更满意。我们是怎么知道的呢?在一项研究调查中,我观察了人们的谈判,然后问他们认为自己有多"成功"。比起那些只专注于最低财务目标的人,那些只专注于最高财务目标和抱负的人认为自己更不成功。

我和同事罗德·克雷默(Rod Kramer)和凯瑟琳·麦克金

（Kathleen McGinn）所做的一项研究让我真正认识到，金钱与人际关系之间似乎并没有联系。我们观察了人们在谈判中的表现，并探讨了当对手表现出高兴和失望时他们的感受。我们发现，当人们认为自己的对手高兴时，他们没那么有成就感；而当人们认为对手失望时，他们会更有成就感，因为后一种情况暗示着他们正在"赢得"谈判。换句话说，大多数人都会认为，"如果对方表现出高兴和满意，那么我就一定是做得不好！"然而，成功的感觉是喜忧参半的，因为那些"赢得谈判"的人也认为他们在谈判中并不那么体面。因此，当对方不满意时，经济上获益多的一方往往会产生矛盾情绪。

关键是人们既在乎金钱，也在乎人际关系。因此，谈判的质量不能仅从经济角度来衡量。问题是大多数人都不知道如何将两者同时最大化，所以他们只选择了将其中一个最大化，或者两者都放弃。

麻省理工学院斯隆商学院教授贾里德·柯汉（Jared Curhan）对主观价值的突破性研究揭示了大多数人对谈判的真实感受。柯汉和他的同事开发了一种被称为主观价值量表（subjective value inventory，SVI）的工具，用以评估大多数谈判者在任何谈判桌（无论是在会议室，还是在厨房）上所关注的四个问题：

- 对工具性结果的感觉（也就是经济学）；
- 对自己的感觉；
- 对过程的感觉；
- 对与对方关系的感觉。

为了证明他的观点，即人们关心的不仅仅是金钱和经济，柯汉研究了人们在生活谈判中最珍视的价值观，以及学生、社区成员和实践者认为最重要的因素。他甚至考察了他所能找到的最具经济头脑的群体，即全日制 MBA 学员，对其正在谈判的就业方案的满意度。这似乎很残酷！试想一下，你刚刚花了 20 多万美元获得了一个学位，上了那么难的课程，失去了两年的收入，然后与数百名同样出色的朋友和同事一起进入了竞争激烈的就业市场。难道你不想最大化你的经济成果吗？

但柯汉有了一个惊人的发现。MBA 学员关心上述与他们未来就业相关的所有四个因素，而且在某种程度上，他们对自己、谈判过程以及在所接受职位上的人际关系和工作结果都感到满意，因此他们在第二年就不太想换工作！

陷阱 2："平分"

"平分"陷阱（通常）是一种错误的观点，即在冲突或谈判等情况下，把稀缺资源一分为二是最好的结果。事实上，大多数人都认为，人与人之间的资源分配应该始终是平等或公平的。我们有这么多基于"平分"原则的策略是有原因的，因为我们总会说"各让一步""一人来分，一人来选""一人一半""付出一点，得到一点"，如此种种。

作为我研究的一部分，我向商人和非专业人士询问了解决冲突和争端的方法。毫无疑问，我得到的最常见的处理方式就是妥协，互相妥协。顺便说一句，如果我听到一个商人说"我为了集体利益而牺牲了自己的利益"，我就会尖叫的！尽管平均分配资源（如金钱）可能很诱人，但这实际上并不是"双赢"的含义。双赢不是要分馅饼、分钱或分价值；相反，它要获得全部价值。

我的教学和演讲已经表明，解释"平分"陷阱的最佳方法是讲一讲我最喜欢的那个故事，它来自行为科学家玛丽·帕克·福莉特（Mary Parker Follet）的教学内容。最近，我与一家大型医疗机构的前首席执行官分享了这个故事。他说："这个故事很有道理！它不仅解释了为什么在同一个组织工作的人应该找到最有效点，而且解释了为什么即使在与客户和供应商打交道时，你也应该找到最有效点。"

好了，回到故事上来。姐妹俩坐在一张桌子旁，桌子上放着一个橙子。她们彼此相爱，但她们都想要橙子。更复杂的是，她们在家里向来互不相让。"我不会让步的。"姐姐说。"今天，这个橙子是我的！"妹妹说。"不可能！上次让你得逞了，这次轮到我了！"冲突升级了。最终，她们意识到保持她们的长期关系比这个橙子更重要。于是，她们同意用精确的科学测量方法——平分法，将橙子精确地切成两半。

切完橙子后，姐姐拿走了自己的一半，榨出果汁，扔掉了果皮。与此同时，妹妹小心翼翼地削去了她那一半橙子的果皮（用来做她最喜欢的烤饼），然后倒掉了果汁。垃圾车取走垃圾后，姐妹俩似乎明白了什么，都惊呆了："你的意思是，这段时间你只想要果皮，而我只想要果汁，现在我们想要完全得到自己想要的东西已经太迟了？"

发生了什么事情？她们错过了最有效点！她们把橙子切成两半，掉进了"平分"陷阱！她们都很满足，却没能实现最优化。当我们满足时，我们会和解、让步和妥协；但当我们实现最优化时，我们会利用、整合和扩展价值。尽管姐妹俩彼此关心，但她们都未能实现价值最大化。

鉴于这个故事对我很有价值,你可以想象,当我遇到一个在现实世界中分橙子的商业案例时有多兴奋。这个案例涉及两家公司,它们分别是家乐氏(Kellogg)谷物公司[①]和英国曼彻斯特的七兄弟啤酒厂(Seven Brothers Brewery)。基思·麦卡沃伊(Keith McAvoy)是啤酒厂的首席战略官,也是酒厂名称中的七兄弟之一,他一生都在啤酒行业工作。当基思得知当地的家乐氏谷物公司产生了超过5000吨的废弃谷物(没有达到质量控制标准)时,他开始试验啤酒配方。他的实验促成了与家乐氏公司的合作,两家公司一起推出了 Toast Ale 和 Throw Away I.P.A. 两款产品,它们都是用玉米片酿制而成的、口感柔滑和醇厚的啤酒。这样一来,啤酒厂可以利用家乐氏公司的废料,但这对谷物制造商有什么好处呢?英国工厂的食物垃圾减少了12.5%!因此,无论对于啤酒饮用者还是谷类食品食用者而言,这都是一个双赢的合作。

那么,我想问你一个问题:你有多少次把橙子切成两半,或者把它扔在房间里,或者看着垃圾车来了又走?如果你像我遇到的大多数管理者和高管一样,那么你有80%的时间都没有实现价值最优化。具体地说,通常我发现只有15%~20%的管理者在谈判中充分利用了所有潜在收益(又称"最优化"),这意味着80%~85%的人都错过了最有效点(又称"满足化")。当我准确地衡量有多少价值尚未被利用时,结果通常大约是20%~25%!遗憾的是,大多数时候,人们都没

---

① 该公司生产玉米片、脆米花和很多其他产品。

有意识到他们并没有找到最有效点!

陷阱3:"双赢"幻觉

每周,我都会通过角色扮演这种谈判训练,教授50多位经理和高管有关谈判的知识。我经常要求他们在深入分析自己的表现之前先评估自己的结果。大约99%的人都坚信自己的结果是"双赢"的。当我问他们理由时,他们说:"我们达成了一致,而且双方都很高兴。"然后,我会告诉他们一个坏消息:他们经过艰苦谈判得到的结果实际上并不是双赢的,这意味着他们可能都没有获得重要的价值。

这似乎是一个普遍存在的问题,对我而言司空见惯。每个行业的管理者都面临着越来越大的压力,他们需要获得经济利益,并与供应商、顾客、客户和利益相关者进行谈判,从而达成良好的商业交易。他们中的大多数人都能够达成有利可图的商业交易,而且他们中的大多数人都认为自己的结果是"双赢"的。然而,就像刚才提到的姐妹俩一样,他们只是满足,并没有实现最优化。如前所述,我的研究显示,只有不到20%的人找到了"最有效点"——一种对双方都有利的现成的解决方案。为什么会这样?

人们无法达成双赢的关键原因是他们不认为折中的解决方案是失败的。如果他们认识到了,就有可能放弃目前的行为,而接受新的行为。因此,次优行为(即满足感)是自我强化的。我们心里想:"我一定是做对了,因为我达成了一笔交易,赚了一些钱。"归根结底就是,我们不知道自己不知道什么,这就是"双赢幻觉"。它是阻止人们找到最有效点的第三个陷阱。

数据可能会令人沮丧。在一项关于难以找到双赢解决方案的研究中，我发现只有不到 4% 的管理者在接受测试时找到了最有效点（也就是说，几乎所有人都未能实现价值最大化）。正如那姐妹俩一样，即使是最积极的谈判者也没有意识到双赢的机会。

我不禁开始怀疑，人们是否会陷入一种令人摸不到头脑的状况，以至于他们甚至不知道自己何时与另一个人达成了百分之百的一致。所以，在我的博士论文中，我加入了一个模拟分析。在这个模拟分析中，人们有相同的偏好，这意味着他们想要完全一样的东西！具体来说，这是一次汽车谈判，在谈判中，买卖双方在价格、贷款条件等方面有着明显不同的利益，但实际上他们对颜色达成了一致，也就是说，经销商想卖某种颜色，而客户也喜欢这种颜色。我称这种一致为"兼容"的利益。我的问题是，当人们与对方完全一致时，他们是否会意识到。这个问题似乎蠢到不值一提。

事实并非如此。令我震惊和惊讶的是，我发现，人们在 50% 的时间中认为自己的利益与对方的利益是对立的，即使存在一些完全兼容的利益！我将这称为"互斥效应"。这意味着，当人们与另一个人想法一致时，他们并没有意识到，就像我和同事们在开发团队所发生的事情一样。而且，他们会向对方让步，即做出了不必要的牺牲。当他们错过了最有效点时（最有效点明明就摆在眼前），我称这种情况为双输结果，即任何一方都没有得到他们想要的！

为了弄清楚这种"双输"效应的影响，我与我在美国华盛顿大学的同事丹尼斯·赫里贝克（Dennis Hrebec）进行了一项研究。除了研究人们有多少次未能获得，更不用说意识到双赢结果，我们查阅了数百份已发表和未发表的有关谈判的研究。这些研究的结论与姐妹俩分橙子的类似，即存在一个不明显的"最有效点"的解决方案，而这个解决方案通常会让那些动机良好的参与者感到困惑。我们在对 5000 多人进行分析后发现，谈判者在大约 50% 的时间里并没有意识到他们与对方完全达成了一致，而在大约 20% 的时间里，他们会成为双输效应的牺牲品。换句话说，即使人们百分之百同意对方的观点，他们也有将近一半的时间并没有意识到这一点！

当我向谈判者指出这一点后就出现了我所谓的"谈判 V8 时刻"，它得名于 V8 蔬菜汁的旧广告。在这个广告中，人们意识到他们应该喝健康饮料，而不是其他东西："我应该喝 V8！"在谈判中，这有点像"我不敢相信我竟然没有看到"。例如，我曾经与一家大型专业服务公司的律师们一起工作。在完成了模拟谈判后，如果各方能够确定他们的兼容利益，他们就能够达成真正的"最有效点"一致，但实际上只有 15% 的人发现了这些兼容利益。其他人则错误地认为对方与他们有相反的利益，因此未能达成一致。当我向他们展示结果时，他们中的很多人都出现了"谈判 V8 时刻"！

那么，为什么人们会忽略兼容利益，而无法确定那些就摆在眼前的最有效点呢？一个关键的原因是，大多数时候，人们认为其他人的目标与自己的目标是对立的；他们持有一种定量馅饼感知（fixed-pie percepsion），并认为各让一步是他们能做的最好的事情。然而，如前所述，各让一步是一种双赢幻想，也就是说，虽然这看似一种兼容双方利益的方式，实则却并没有充分实现各方的真正利益。

在本书中，我将抓住关系中所有潜在价值的安排称为"最有效点",因为对于个人问题和商业问题而言,通常都有一个近乎最优、令人高度满意、能够维护关系的解决方案。最有效点就是使所有相关人员价值(既包括经济价值,也包括人际关系价值)最大化的解决方案。

Chapter Two **Measuring the Sweet Spot**

第 2 章 最有效点的衡量

对我而言，找到最有效点就像寻找大脚怪一样难，因为它难以捉摸，但我决心找到它并记录下过程。作为一位行为科学家，我花了大半辈子的时间在追踪和衡量"最有效点"。事实证明，经济学、管理科学和社会心理学领域的专家对最有效点的看法是基本一致的，尽管他们使用了不同的术语。

在经济学和博弈论中，与最有效点概念最接近的概念是纳什均衡（Nash Equilibrium），它是以约翰·纳什（John Nash）的开创性工作为基础的。如果你还没有读过他的开创性论文，那么我认为看看《美丽心灵》（*A Beautiful Mind*）这部电影是如何描述其思想的也很有用（而且很有趣）。在我最心仪的一个场景中，约翰·纳什①和朋友们坐在一间拥挤的酒吧里，这时一群美女走了进来。据说正是在那个时刻，纳什开始构建他的理论，该理论最终被称为纳什均衡。

抛开纳什关于约会的掠夺性动机不谈，他的想法是，如果所有男人都试图吸引最理想的女性，那么他们最终就会互相阻碍，从而导致

---

① 由罗素·克劳（Russell Crowe）饰演。

次优结果（即所有人都输了）。纳什进一步解释说，其他女人不想被认为是"第二选择"，如果她们看到那些男人只有在被最漂亮的女人拒绝之后才对她们感兴趣，就肯定会拒绝他们。因此，纳什建议那些男人不要试图追求那个最有魅力的女人，如果每个人都去追求另一个女人，那他们就都"赢"了。说到这儿，纳什冲出酒吧，去写他的诺贝尔获奖论文了！

意大利经济学家维尔弗雷多·帕累托（Vilfredo Pareto）提出了一个简单而有力的命题：人们永远不应满足于任何他们认为不如其他可行结果那么理想的结果。好吧，在第 1 章中，分橙子的姐妹就是这样做的！当我与课程开发团队的同事们一起工作时也差点这样做！因此，帕累托有效边界是所有可能的结果（解决方案）的集合，而所有可能的结果中没有任何未分配的资源。让我们从一个基于经济学的解释开始。对所有人而言，任何不在帕累托有效边界上的选项都比在帕累托有效边界上的选项更糟糕。例如，假设一对夫妇正在计划去度假，他们都更喜欢山区而不是海滩；如果他们最终去了海滩，这就不是在帕累托有效边界上，因为他们都偏爱山区。不在帕累托有效边界上的选择被其他可行的解决方案所左右（正如在我们的例子中，山区度假左右了海滩度假）。被左右的解决方案违反了经济学的一个基本原则，即效用最大化原则。任何谈判的解决方案都应是来自帕累托有效边界上的一种选择，因为任何其他选择都毫无必要地要求一方或双方谈判人员做出更多让步。

天哪，这一切意味着什么？我发现，思考帕累托优化的一种有用的方法是，假设在每一次谈判（无论是涉及度假计划、团队合作、晚餐约会，还是商业交易）中，谈判桌上都有成百上千颗钻石，甚至在某些情况下，还有数万颗钻石。你要拿到钻石只有一个条件：你必须与对方（如同事、配偶、朋友、合作伙伴或商业伙伴）就如何分配钻石达成一致。显然，你希望得到尽可能多的钻石，而对方也是。让事情更复杂的是，你不知道有多少颗钻石，因为有一块大毯子盖着它们。现在，假设你们都在桌子上留下了一半或三分之一或其他数量的钻石，而你们都没有意识到这一点。然后，桌子下面突然出现了一个洞，那些钻石永远消失了。这种情况就相当于未能达成帕累托最优一致。

我们大多数人都无法想象会发生这样的憾事。但是，在很多谈判中，人们就是这样做的，他们把钻石留在了桌上，或者钱被白白浪费了，信任就这样被破坏了。

但是，找到最有效点是有可能的。下面我们来看看唐娜——一家专业服务公司的首席执行官是如何在一个敏感的人力资源问题中找到"钻石"的。她与公司在东海岸办公室的一位董事总经理卡莉有点矛盾。可以肯定的是，卡莉是一位出色的主管，也是客户服务团队的重要资源，但同事和客户都很难联系到她，更重要的是，几乎每天下午三点到五点，大家都联系不到她。一位客户抱怨说，他们已经两个多月没能与卡莉安排一次30分钟时长的电话了！

这种难得一约的情况对卡莉的客户和同事都产生了非常不利的影响。令情况更复杂的是，这家公司有一种只考虑结果的工作文化，所以员工不认为他们必须坐班，也没有规定要求他们必须坐班。事实上，所有团队成员都坐班的情况是很少见的，因为很多人都是远程参与客户项目或居家办公的。然而,即使在这样的情况下,卡莉的日程安排也让她显得有些特立独行。不难理解,她的行政助理布兰达在试图处理总经理的神秘日程时会愈发沮丧,甚至开始妄自菲薄。随着情况愈演愈烈,唐娜认为她唯一的选择可能就是请卡莉走人,或让她做兼职。

唐娜最终还是决定弄清楚这个"橙子"是否有她不了解的部分。在与卡莉和布兰达的一次会面中,唐娜清楚地意识到这个"橙子"至少由三部分组成:培训课程、客户指导和日程安排。而卡莉和布兰达对这三个部分的偏好大相径庭。布兰达想在客户培训课程中提供支持和帮助,而这正是卡莉非常不愿意做的事情;相反,卡莉希望专注于指导,而且她想自己管理她的日程。因此,唐娜建议布兰达只专注于培训,不再进行日程管理;建议卡莉只专注于指导,并管理自己的日程。卡莉和布兰达欣喜若狂!她们都得到了"橙子"中自己最喜欢的部分。客户们也很高兴,因为他们可以轻轻松松地直接联系到布兰达。没有人被解雇或者去做兼职。唐娜后来反馈说,这种次优、帕累托效率低下的情况已经持续了一年多,她们终于找到了最有效点!

大多数经济学家、数学家和博弈论理论家都认为,人们总会到达帕累托最优边界。不这样做是不理性的,也是次优的。然而,人们真的理性吗?这就是行为科学家的工作如此重要的原因。

作为一名年轻的博士生,我开始研究人们是否真的达成了帕累托最优(最有效点)交易的问题。我研究、采用、修改并创建了一些场景,这些场景基本上模拟了姐妹俩分橙子的情况,这意味着它们包含了最有效点的解决方案,就像卡莉和布兰达的那个案例一样。在一次早期的试点测试中，我接触到了一个高级执行团队。我给他们分配了商业环境中的一些角色，随后发现几乎所有人都错过了最有效点：他们迅速地将稀缺资源进行了平均分配——"平分"。一些急功近利的管理者根本没能达成交易。当我后来向他们展示了最有效点时，他们既震惊又好奇。

我不知道自己得到的结果是不是特例，于是，我做了一项研究。结果是一样的。接下来，我尝试了一些可能有用的方法，比如给他们更多的准备时间或更多的谈判时间。尽管如此，在大多数情况下，他们还是错过了最有效点，很快就妥协了。我甚至用钱作为奖励来鼓励他们找到最有效点，却还是没有成功。当我与其他大学的同事切磋时，他们也说得到了类似的结果。

看来，最有效点是很难找到的，所以理解其中的原因很重要，我们将在第 3 章进行讨论。

Chapter Three　Why Do We Miss the Sweet Spot?

第 3 章　我们为什么会错过最有效点

> 为了集体，我牺牲了自己的利益。
>
> ——商务主管

我很想知道，为什么人们在工作和个人生活中常常无法实现最优化，并且会错过事后看起来显而易见的最有效点。事实是，当时我正在写博士论文，研究一个有点深奥的概念。好吧，这很无聊，也无关紧要。我想，天哪，我自己也很痛苦！所以，我冒了很大的职业风险：我彻底改变了论文的主题，这让我的写作过程倒退了好几个月。而我致力于弄清楚为什么人们常常无法获得双赢的结果。

我的下一个任务是：我需要找到一种方法来衡量这种现象，我确信这种现象影响了谈判者的思维。所以，我开始测量一种名为"定量馅饼感知"的东西。巴泽曼（Bazerman）和尼尔（Neal）认为，定量馅饼感知是很多人都持有的一种信念，即无论他们在人际关系想要什么，对方都有完全相反的偏好。如果我们将其放在"姐妹俩分橙子"的场景下，就是其中一人坚定地认为（但这是错误的）另一人也想要果汁或果皮，而实际上，事实并不总是如此。回想起前段时间我与课程开发团队的同事们的经历，我意识到自己确实成了定量馅饼感知的牺牲品。也就是说，我错误地认为我的同事会坚决反对我对课程拍摄、项目写作和课程排序的偏好。

大多数谈判者都会将谈判视为一种竞争：他们认为自己与对方的利益是不兼容的，这与定量馅饼感知的观点是一致的。我创建了一个评估工具，用来衡量人们是否存在定量馅饼感知。我使用了多种方法来评估（错误的）定量馅饼感知的程度，包括小测验、问卷调查和在模拟谈判中对人们进行访谈。在一次调查中，我研究了谈判者在谈判前、谈判中和谈判后对对方利益的看法。大多数人（68%）都认为对方的利益与自己的利益完全对立，这反映出了定量馅饼感知。然而实际上，谈判者共同拥有一些利益，这些利益可以通过交易获利，而且在某些情况下，它们是完全兼容的。

遗憾的是，要摆脱定量馅饼感知是很困难的。仅仅警示谈判者它的存在是不够的，即使谈判者有谈判经验也是不够的。对谈判者而言，仅仅得到关于对方利益的反馈是远远不够的，因为对方有何利益是他们臆测的！此外，时间和精力不足并不能解释双输的结果和定量馅饼感知。事实上，那些对谈判结果负责的谈判者最有可能具有定量馅饼感知。例如，比起与组外成员谈判，那些认为自己对谈判结果负责的谈判者在与组内成员谈判时更有可能存在错误的定量馅饼感知。为什么？因为当人们面对与团队成员合作的压力时，他们往往会更加故步自封，不关注新的信息。

下面，我们一起看看马克是如何在陷入双输局面后找到最有效点的。马克是一家制造公司的首席运营官，目前负责一次大规模的操作系统变更。然而，当几位副总裁发现系统中新绩效雷达的细节时，他们试图阻止这次变更。这让马克很费解，因为高管们最初对这个计划非常热情和支持。在经过了几个月的僵持后，马克和其中一位副总裁进行了沟通，并得知他们担心操作系统变更将暴露出他们团队的绩效不佳。显然，副总裁们在这个问题上已经承受一段时间的压力了。这让马克产生了一个想法：在实现操作系统变更的同时，删除绩效雷达中那些不良绩效的指标。

经过一番调整，马克能够将计划的重点放在公司很快就能实现的效率上，即玻璃杯总是"半满"而不是"半空"的。当马克将不良绩效的指标从"聚光灯"下拿走，并帮助副总裁们挽回颜面时，变更计划才得以有效执行，甚至帮助落后团队提升了绩效。这样一来，整个公司就找到了最有效点，并实现了可观的收益。

大多数谈判都不是纯粹的固定总和，而是可变总和，这意味着如果双方共同努力，他们就可以创造比单纯竞争更大的共同价值。这就是协同的理念，即整体可以大于部分的总和。很少有冲突是纯粹的输赢，一方得到并不代表另一方等量的牺牲。这也同样适用于我们的人际关系！

需要强调的是，冲突和谈判很少是纯竞争性的；相反，大多数冲突和谈判在本质上都具有混合动机，这意味着各方的利益是不完全相关的。在大多数混合动机的情况下，人们相对于另一方有两种动机：合作（这样他们就能达成一致并避免僵局）和竞争（这样他们就能获得自己最想要的东西）。

我们来看看克里斯和帕特这对夫妇是如何在一次看似棘手的关系

冲突中找到最有效点的。克里斯有一个参加国际大师级运动员比赛的梦想。此外，克里斯希望帕特在这一个星期的比赛中给予他精神上的支持。然而，帕特不愿意舍弃一个星期的时间去做一名"支援人员"。"这对我有什么好处？"帕特直言不讳。克里斯想到了橙子的故事和帕特对意式烹饪的热爱。克里斯打了几个电话，找到了一位意大利厨师，请他为这周的活动定制一次现场"美食"体验。经过大量的组织工作，克里斯创造了"双赢的一周"，他既可以毫无愧疚地参加比赛，也可以让帕特拥有一生中难得的经历。最重要的是，他们能够相互支持，共同度过那一个星期。

我和我的同事认识的另一对夫妇也有类似的经历。一位妻子因丈夫为某次活动投入了大量的培训时间而感到愤怒。他们达成了一项双赢"交易"：为了能陪妻子或客人一起吃早午餐，参加培训的丈夫同意将所有培训安排在每天上午（包括周末）八点之前，从而保证他能够及时回家准备食物和为客人们服务。他甚至买了一盏工业强度的头灯，使他可以在黑暗中受训！

Chapter Four Why We Need Sweet Spot Hacks
第 4 章　我们为什么需要关于最有效点的妙招

丹妮尔和杰瑞几年前在医学院相识,然后疯狂地坠入爱河。他们结了婚,组成了一个双医生家庭。丹妮尔完成实习期后,在一所著名大学找到了医学讲师的工作,年薪约为8.5万美元。与此同时,杰瑞获得了一份令人垂涎的奖学金,虽然这是一种宝贵的经历,但他的薪水却很低。丹妮尔和杰瑞有两个孩子要照顾,但他们协调得很好。由于丹妮尔的时间更灵活些,还可以步行去上班,因此她有更多的时间来照顾孩子,她很喜欢这一点。

有一天,杰瑞回到家说,他的系主任强烈建议他去另一个州的顶级肿瘤住院医师项目中任职。"等一下!"丹妮尔说,"这里有我的生活,而且我也不打算离开能步行上班的工作,搬到另一个州去!"杰瑞恳求道:"我一直梦想着在世界顶级的肿瘤中心做住院医师!"几个星期以来,这对夫妇陷入了僵局,不得不考虑最糟糕的情况——分居、分家或离婚。

最后,丹妮尔提出了一个建议:"对我而言,最重要的是我可以轻松处理日常事务。所以,你把美国的十大肿瘤项目给我看看,我来决定你申请的排序。"丹妮尔接着解释说,她的排序将考虑到育儿成

第 4 章
我们为什么需要关于最有效点的妙招

本、与亲戚的距离远近、气候,以及其他一些对她至关重要的因素。杰瑞同意了。就这样,这对夫妇找到了最有效点:杰瑞让丹妮尔决定目的地,而杰瑞得以实现了他的梦想——参与一个世界级的肿瘤医学项目。

在了解最有效点动态的过程中,一旦我确定存在定量馅饼感知,就开始尝试将其揭示出来。我设计了一些包括模拟谈判的调查,在这些模拟谈判中,人们是可以对最有效点达成一致的(类似于第 1 章中分橙子的姐妹俩和本章中的丹妮尔和杰瑞)。另外,我还研究了人们何时以及如何克服定量馅饼这种令人消沉的感知,从而找到最有效点。

事实证明,这比我想象的要困难得多。起初,我所做的一切几乎都失败了。定量馅饼感知是如此根深蒂固!仅仅警告人们它的存在是不够的,仅仅鼓励人们练习消除这种感知也无济于事。即使人们会在几次练习之后提供反馈,也无法完全消除它。

幸运的是,我所做的一些实验和其他同事在他们的社会科学研究实验室中所做的一些研究开始显示出希望,完善了我们的理解。我想与你们分享这些重要的突破,并说服所有人,无论你是经理、高管、企业主、妻子(或丈夫)、父母、邻居,还是社区成员,这些策略你都用得上。

我称这些工具为"妙招",因为它们可以立即使用,不需要大量的资金投资、培训、昂贵的顾问或特定行业的专业知识。在我们能够有效地使用这些妙招之前,我们需要打下坚实的基础,以便充分地使用它们。这里有四个"关键"。

关键一：信念

　　首先，人们需要相信他们可以使用这些妙招。在某种意义上，我们需要知道，后天培养可以胜过与生俱来。这一点很重要，因为当涉及处理冲突和谈判的妙招时，大多数人都是严格的自然主义者。他们会说"你要么有，要么没有""你要么天生就有，要么天生就没有"。谈话通常会到此结束。大多数人都认为会谈判是一种遗传天赋，这阻止了他们尝试学习和表现得更好。

　　劳拉·克赖（Laura Kray）博士和她的同事在一项有趣的研究中证明了后天培养能够战胜与生俱来。克赖让人们相信，谈判的成功要么归功于遗传天赋（即与生俱来），要么归功于勤奋和努力（即后天培养）。自然主义者具有固定的思维方式——你要么有，要么没有；相反，后天论者具有成长型心态——他们相信你可以发展技能。这项研究的结果证实了一个自我实现的预言：当人们拥有固定的思维方式时，他们就不太可能达成最有效点交易；而当他们抱有成长的心态，并将谈判视为一种挑战时，他们将更有可能成功地达成高质量交易。与那些相信谈判技能是不可教授的人相比，那些相信谈判能力可以通过经验和实践来提高的人更容易发现最有效点。

　　我还进行了很多研究，以评估人们随着时间的推移找到最有效点的能力。我所了解到的是，大多数人在有意识地练习之后都能有显著的进步。然而，有些类型的培训比其他类型的培训更有利于学习。效率最低的方法是讲课式培训。事实上，几乎任何类型的角色扮演培训都比基于讲课的培训更有效!

在另一项调查中,我们比较了几种不同的"学习"方法。具体来说,我们考察了说教式学习(讲课式学习)、通过信息披露学习(让人们事后知道对方的重要动因)、类比学习(给人们提供其他最有效点交易的例子)和观察式学习(让人们观察一个"模范"小组达成了一笔最有效点交易)。我们通过观察人们在谈判中的表现,实验性地测试了每种方法的影响。不出所料,观察式学习和类比学习比说教式学习更容易找到最有效点。有趣的是,观察组的谈判者的绩效提升得最快,但在表述是什么学习原则帮助他们提升了绩效时,他们的表达能力最弱,这表明他们获得的知识是只可意会、不可言传的。

关键二:易于使用

第二个关键是要意识到,学习这些妙招并不需要博士学位或多年研究。大多数人都认为,成为一位经验丰富的谈判者需要数年时间。有些人认为,即使接受多年的培训也可能无济于事,你必须天生就有这种能力,除非你与杰克·韦尔奇、巴菲特或其他商业领袖是一类人,否则还是算了吧。

最有效点技能训练具有挑战性的原因之一在于,人们认为这需要付出大量的努力,耗费所有的精力。这就是为什么人们经常想要一个"简单的"解决方案。举个例子。在一项调查中,研究人员将谈判策略分为"简单"和"难"两种,并向学习者进行了介绍。事实上,这些策略是完全相同的。那些被告知策略简单的谈判者比那些被告知策略难的谈判者更有可能成功地使用策略,并找到最有效点。

为了证明易于使用这一原则，我鼓励我的学生立即应用他们在课堂上学习的最佳实践。有一次，我班上的一名学生在课程结束后立即与其公司的人力资源（通过电话会议）进行了薪资谈判。第二天，他告诉我，公司给他加薪8%，他的假期也增加了一倍（从两周增加到了四周）。此外，他还与公司商定了一月份的休假，而那时正是他所在行业的"封闭"期，几乎没有人可以休假。

关键三：抛开传统观念

第三，重要的是抛开我们很多人都已经接受了的一些假设（和传统智慧）。很多已经被证明有效的妙招几乎都与常见建议完全相反！

例如，在商务谈判中，坊间最常见的建议之一就是让对方先开口。但是，科学研究的结果却恰恰相反！也就是说，在大多数谈判中，先发制人有明显的优势。为什么？

谈判者"先发制人"或拿出第一份提案就可以通过设定一个初始数字或焦点条款，有效地"锚定"对自己有利的谈判。例如，我与劳拉·克赖和亚当·加林斯基（Adam Galinsky）就性别与谈判绩效所进行的研究表明，在商务谈判中，当女性提出第一个报价时，她们的表现会更好。此外，如果双方都希望对方先开口，就会导致双方都不愿意亮出自己底牌的徒劳对峙。

另一个传统的观点是"平分"。我们已经看到，当人们（像姐妹俩分橙子一样）平分事物时，可能并不会带来双赢，因为人们不一定重视同样的事情。从很小的时候开始，孩子们就被教导要平分事物。此外，当人们抵制平分时，就会面临着遭受社会谴责的风险。例如，假设你参加了一次大型集体晚宴，结束后大家决定均摊账单。一位深陷助学贷款、预算紧张的就餐学生故意没有点14美元一杯的红酒，也谢绝了甜点。然而，当账单被拿来的时候，就餐者很快就决定让服务员把总数除以七！而当这名学生提出抗议时，这群人会嘲笑他"小气"。

晚餐账单是这样，那么，像长期工作任务这样的高风险情况呢？我认识的一位生物技术公司经理在被任命担任新的领导职务时就摒弃了传统观念。她负责为她的团队分配研究经费。她没有简单地为每位团队成员制定相同的预算（就像对待晚餐账单那样），而是询问了他们的需求。她很快就意识到，除了资金，其他资源（如实验室时间）也很有价值。显然，在某些日子和时段，人们都会争抢着使用实验室设备。因此，她制订了一个计划，让那些获得了最理想的实验时间的团队成员得到了更少的资金，而那些在实验时间上更灵活的团队成员得到了更多的资金。

关键四：做好失败的准备

最后，也许也是最重要的是，我们需要做好失败的准备。心理学家罗杰·尚克（Roger Schank）认为，要想真正地学习，人们就必须直面失败。期望失验理论表明，当屡试不爽的行为不再起作用时（也许只有在那时），我们才会重新思考问题，并提出另一个解决方案。可以肯定的是，与我共事过的大多数业务经理在谈判中都没有经历过失败，或者至少他们认为自己没有经历过失败！

失败发生后，我们需要做以下两件事：（1）反思和反馈；（2）尝试不同的策略或行动方案。首先，反思和思考每一种冲突和谈判情况是很重要的。那些能够对所发生事件进行反思和思考的谈判者比那些不这样做的谈判者做得更好。多年前，我在高管课堂上自学了这一课。在来到凯洛格商学院（Kellogg School of Management）之前，我是华盛顿大学心理学系的一位全职教员。在我教本科生时，我精心制作的讲义和幻灯片的效果很好，但在商学院上课的第一天，一名学生在课后走到我身边，对我说："你好像把我们当本科生一样对待。我们都有商业经验，可以分享经验并参与讨论。"既紧张又沮丧的我回到家后仔细想了想那名学生说的话，意识到我需要立即改变自己的风格，以适应新受众。这是失败后的第二件重要的事，即改变你的行动方案。我花了两年多的时间才有了显著进步，而且现在我仍在学习。但关键是我在直面失败（是的，第一学期我的教学评分远低于平均水平，这证实了那名学生的观点）后才开始有所改善的。

此外，那些以学习为目标的人比那些仅以绩效为目标的人更成功。你可以想想领导者应该如何激活一个学习目标而不是传统的绩效目标。在一项调查中，研究人员为学生们布置了一项非常复杂且压力很大的任务，包括战略决策、生产力分析和工作分配。其中一组被告知，这项任务将衡量他们基本的潜在领导能力。另一组被告知，管理和领导技能是通过实践发展的，而这项任务将给他们一个培养自己能力的机会。事实上，两组都将完成相同的任务，唯一的区别只是为他们布置的任务的方式。结果很有戏剧性。专注于学习和成长的小组实际上学到了更多的东西，他们也更好地接受了反馈，更有效地调整了他们的策略，并且比另一组更享受这段经历。而在另一组中，成员可

第 4 章
我们为什么需要关于最有效点的妙招

能会对评估他们的先天能力感到焦虑。这说明了什么？我们如何设计压力情境可以改变我们大脑处理信息的方式。

如果你愿意接受这四个关键点，那么你就会发现使用这些最有效点妙招将很简单，甚至很有趣！在生活中，我们会遇到很多充满冲突或潜在冲突的情况。最让我们感到沮丧和困扰的是那些在我们个人生活中具有挑战性的情况，如那些涉及配偶、孩子、其他家庭成员和朋友的情况，这些互动中的关系风险极高。另一个容易发生冲突的环境是职场，在那里我们可能会发现自己正在与同事发生冲突，或坐在谈判桌前面对顾客或客户。还有另一种越来越常见的交互方式是我们每天都在进行的大量的虚拟交流，即当对方不在我们身边时，我们要通过电子邮件、文本、聊天或其他技术手段与他们进行交流。在以下几章中，我将分别针对个人、商业和虚拟生活介绍一些最有效点妙招。所有这些妙招都有坚实的研究基础，我将用一些具有广泛性和说明性的例子来逐一介绍，这些例子都源于我在现实生活中观察到、听到的事情或我自己的亲身经历。我很愿意向大家展示如何在所有生活领域中有效地使用这些妙招。

Chapter Five   Sweet Spot Hacks for Relationships
第 5 章　解决关系问题的最有效点

我最喜欢的一项社会科学研究涉及新婚夫妇和正在约会的情侣——两个人正坐在谈判桌的两边。每当我在课堂上提到这项研究时,我的学生们都会笑,然后又皱起眉头。在这项特别的研究中,人们进行了一次冲突谈判,这种谈判有一个不那么显而易见的最有效点解决方案,这与姐妹俩分橙子的情况有些类似。可以肯定的是,夫妻的利益看似完全对立,但实际上并非如此,这意味着他们有可能达成双赢。关键的问题是,夫妻能否摒弃(错误的)定量馅饼感知,通过发现难以达成的双赢一致而找到最有效点。

这就是事情变得有趣的地方。这项研究有两组人参与:第一组的参与者是新婚夫妇和正在约会的情侣,他们彼此相爱,能与自己的伴侣共情;第二组是对照组,参与者素不相识,没有任何交集,而且很可能未来也不会有交集。哪一组参与者更有可能找到最有效点,是情侣还是陌生人呢?

大多数学生都能够正确地预测出,在寻找最有效点方面,陌生人比情侣做得更好!事实上,新婚夫妇更倾向于将橙子切成两半,各带一半满意地离开,而陌生人则更愿意探索和考虑多种选择,而这种探索让他们走上了一条寻求双赢之路。

几年前，一项针对已婚夫妇和混合性别的临时伴侣（尤其是陌生人）的研究也有类似的发现：已婚夫妇比临时伴侣更具合作性，达成一致的速度更快，但是他们的结果的联合价值较低，也就是说，他们的酸楚多，而甜蜜少。

那么，为什么夫妻们如此不愿探索，却能够如此迅速地达成一致呢？关键的原因在于，夫妻们认为，提出问题、尝试解决问题和拒绝第一次提议可能会破坏他们的关系，并令对方蒙受羞辱。简而言之，夫妻们认为陌生人用来描绘双赢之路的那些因素是有风险的。因为如果他们追求那些，他们的关系可能就会受到影响，所以他们会说类似"不值得为此破坏我们的关系""我想在家里过一个愉快的周末，不想让我的爱人不高兴"的话。

当我们在课堂上讨论这项研究时，我的一位高管学员（她是一家大公司的副总裁）讲述了她与丈夫外出吃饭的故事。在一个繁忙的周末，他们在当地一家意大利餐厅用餐后发现，显然他们都更想去街边那家新开业的亚洲美食城。然而，当他们意识到这一点时已经太晚了，于是他们接受了他们共同的第二选择（还有一些夫妻曾经告诉我，回想起来，他们的整个假期都是"把橙子切成了两半"，而不是一个优雅的双赢）。人们的反应都是一样的：我们彼此相爱，可是为何会错过最有效点呢？

配偶和恋人是一回事。那朋友呢？我和我的同事开始怀疑，朋友们是否会像新婚夫妇一样成为"双输一致"的牺牲品呢？朋友们最终是会和恋人一样，还是能够找到最有效点呢？于是，在华盛顿大学，我对朋友之间如何谈判进行了一项研究。在研究中，我和我的同事们研究了由朋友组成的团队和由陌生人组成的团队是如何谈判的。与由没有任何工作关系的人组成的团队相比，由朋友组成的团队似乎更有优势：共同的经历、相似的观点、相互理解，最重要的是信任。然而，由朋友组成的团队在谈判桌上并没有形成一条强大的战线。事实上，他们很快就接受了中庸的结果，大概是为了让朋友觉得他们友善和通情达理吧。

如上述例子所示，总是会发生这样的事情，即人们积极地避免冲突，以至于没有表达出自己的真实愿望，结果最终以双输收场。双输效应的经典例子是阿比林悖论（Abilene Paradox）。作为一个得克萨斯州人，我喜欢与我的经理学员们分享关于阿比林悖论的故事。他们来我这里是想学习如何在自己的公司中进行"激烈的对话"，以免不断地平分橙子。那些不熟悉杰瑞·哈维（Jerry Harvey）的阿比林悖论的人请阅读下文。

> 想象一下，在华氏 104 度①的一个下午，就因为想吃得克萨斯州最好吃的冰激凌，你们一群人挤在一辆又闷又热的车里，在炎炎烈日的炙烤下，驱车 50 英里②穿越一片尘土飞扬的平坦土地。你们这群人看起来热情高涨，尽管待在家里吹风扇、喝饮料和看比赛也是可以接受的，但如果能

---

① 相当于 40 摄氏度。——译者注
② 1 英里 ≈1.609 千米。——译者注

在大热天里吃个最好吃的冰激凌，谁又能拒绝呢？但是，在经过了远赴阿比林的冰激凌店的一趟暴晒之旅后，你们手里的香草味和巧克力味的冰激凌都变得寡淡无味了，而且无论哪种口味都不如记忆中的那么好吃。吃完冰激凌后，大家都静默不语。在用了几个小时再次穿越那片尘土飞扬的半沙漠之路后，你们回到了家。所有人都默不作声，直到你打破了沉默。"这是一次愉快的旅行，对吧？"你说。"说实话，完全不是。"一个朋友大声说，她还补充说她是觉得不得已才去的。"什么？"另一个朋友说。"我之所以去，是因为其他人似乎都想去。谁愿意在这么热的天气里开车跑50英里去买冰激凌吃呢？"换句话说，有三个人在华氏104度的天气里为了买冰激凌吃而驱车往返了100英里，尽管他们并不想这样做，他们认为这是这群人里其他人想做的，才不得已而为之。

这个故事集中体现了人们持有的这样一种观念：在家庭中和朋友之间，要不惜一切代价避免冲突，即使这意味着所有相关方都将得到双输的结果。朋友之间需要保持一种一致的假象，这意味着对方在偏好、兴趣和信仰方面的差异往往会被淡化或掩盖。自相矛盾的是，正是这些差异使人际关系中的谈判者可以做出增值的权衡，并达成双赢的一致！结论是：朋友和同事之间需要一种方式让他们的差异为人所知，这样他们才能以双赢的方式利用这些差异。

在阿比林悖论的例子中，最有效点是待在家里，享受吹过门廊的阵阵微风。然而，为了尽力表现得友善和随和，这群人的集体牺牲让他们完全错过了最有效点!

为什么那些关系至上的人会把橙子平分成两半、会在不想吃意大利菜的时候却吃了意大利菜、会在他们共同的第二选择目的地度假?这一切该如何解释呢?彼此相爱的人应该了解彼此的渴望、偏好和激情才对。诚然,人们更愿意避免与所爱的人发生冲突,这是一个普遍的原则,但为了避免那些舟车劳顿和毫无价值的阿比林之旅,我们需要真正了解人们在这种互动中会陷入哪些陷阱。下面我将介绍四个这样的陷阱。

四个双输陷阱

当试图解决冲突并达成最有效点交易时,彼此相爱的人可能会在不知不觉中陷入四个陷阱。首先,请你根据下文的描述来识别你所处的陷阱。

陷阱1:别找麻烦

大多数拥有长期关系的人都有这样一种心态,即追求个人利益会以关系为代价,所以最好的做法就是抑制或压制我们的真实愿望。"别找麻烦"陷阱的问题在于,人们很快就会习惯中庸的解决方案,但往往会心怀不满。随着时间的推移,不满情绪可能会累积并蔓延,从而对这段关系产生深远的影响。

人们在亲密关系中持有的一个基本信念是,这种关系应该是共同的,而不是交易性的。"共同"意味着不应该涉及类似交易关系中那种对成本和利益的直接交换,而应无私地关注当事人的需求。

遗憾的是，很少有人能表现出这样的无私，几乎没有人能够永远不计得失。事实上，大量证据都表明，即使在最亲密的关系中，人们也会不断地在心里计算自己付出了多少、得到了多少。在人际关系中有一个不成文的期望，即人们应该关注合作伙伴的需求，而不是贡献。例如，在一项调查中，朋友组和陌生人组完成了一项联合任务。当有一盏灯亮时，这要么表明合作伙伴需要帮助，要么表明合作伙伴已经为联合任务做出了重大贡献。当另一个人是朋友时，人们更多地会认为灯亮表示的是"需要"，这大概是为了准备好来回应合作伙伴的需要；然而，当这个人是陌生人时，人们会更多地认为灯亮表示"贡献"的信号灯——这是一种记录方式。这表明，朋友和爱人应该关注的是需求，而不是对方能带来什么。也就是说，处于亲密关系中的人应该关注的是需求（你可以说："亲爱的，我搬不动这个箱子。"），但不应该记录自己的贡献（请不要说："你注意到我打扫冰箱了吗？"）。

然而事实证明，事情并没那么简单。当处于某种关系中的人们被直接问到他们及其合作伙伴的贡献时，我们看到了不同的情况。也就是说，大多数人都会认为自己的贡献比合作伙伴看到的更多。这就是所谓的"自我中心偏差"。在这种情况下，计分卡往往不是客观现实的反映，而是一种审视关系历史的自私方式。例如，一项调查要求夫妻指出他们各自承担的家务和义务（包括付账单和倒洗碗水等）的比例。当把他们提供的各项比例加在一起时，总数远远超过了100%，这意味着平均每个人都认为自己做了超过50%的工作！

在职场和商业环境中，自我中心偏差更为普遍。例如，在一项调查中，一些人在阅卷评分。那些在固定时间内为很多考生阅卷的人认为，报酬应该基于完成的工作量（即阅卷的数量）确定；而工作时间最长的人却认为报酬应该基于工作时间确定。双方都很难认同对方观点的合理性，因为他们被自我中心偏差蒙蔽了双眼！

当人们对自己在一段关系中的付出和所得进行评分，并且他们是以自我为中心的时候，这意味着在任何给定的时间，一方或双方都将感到自己被低估了。大多数人都会将这种感受搁置一段时间，但是在某些时候，心理会计系统会抱怨不公，人们可能就会寻求报复。

报复的一种形式被称为溢出效应，是指人们将对先前事件的攻击和怨恨以极端的方式应用于新事件。最常见的是直接溢出，即未得到足够认可的一方突然爆发，而另一方被这种反应弄得晕头转向、不知所措。不过，也有可能发生间接溢出，即未得到足够认可的人可能会将他们的怨恨发泄到第三方身上。确实，我们对先前与他人谈判的感受不仅会影响我们未来与这个人的互动方式，而且会影响我们与完全不同的人谈判的方式！

我的学生彼得曾经讲过一个关于溢出效应的例子。彼得想和他的妻子商量周日和几个朋友去打高尔夫球的事情。所以，在这周的早些时候，彼得在家里表现得特别"棒"，比如主动提出接孩子、洗碗，甚至叠衣服，这些事情平常都是他妻子做的。周六晚上，彼得提醒妻子，那一周他洗了衣服，还拼了车。这本来不算太糟糕，但是他总是把这些琐事记在小纸条上，还拿给妻子看。他的妻子非但不同意他外出打球，还撕掉了那些小纸条，冲出房间大喊："难道我们在家里做事还要计分吗？"后来，彼得得知，如果他不提醒妻子那周他做了什么家务，而只是问她一句，她会欣然同意他去打高尔夫球的。具体来说，让妻子难过的是，她得知了彼得这周早些时候的帮忙是经过算计的，而不是发自内心的。她本以为彼得只是在满足她的需求，所以当得知彼得的付出其实是另有目的时，她才会火冒三丈，这是可以理解的。

事实上，不找麻烦往往就要把事情藏在心里，在心里"计分"。这意味着在某些情况下，为顾全大局而牺牲个人利益的次数多了会让人们心生不满，并产生一种"你欠我一个人情"或"现在轮到你了"的感觉。

陷阱2：关系调节

艾米丽·阿曼纳图拉（Emily Amanatullah）教授对上述的恋人和朋友效应给出了令人信服的解释，她称其为"完全的共有"（unmitigated communion），即朋友（和恋人）会把他们的关系放在第一位，以至于他们会立即做出完全的牺牲来挽救关系。那些认为人际关系需要完全的共有的人会从根本上认为，交往双方不应该有计分卡，而应该抛开个人利益，完全响应其同伴的需求。尽管这听起来确实像是消除关系冲突的一个良方，却也像是要不断地自我牺牲、把橙子切成两半的命令。我们采访了几十位管理者和领导者，他们都承认曾为了集体牺牲了自己的利益，因为他们相信这样做对双方的关系最有利。

问题在于，大多数人都不完全确定另一半想要什么，而他们又不敢问［大概是因为有人说"如果你爱他（她），他（她）就应该知道吧"]。所以，他们会去猜测，但很多时候他们都猜错了。

的确，对我们大多数人而言，以利己的方式行事或与朋友相处都是令人无法容忍的，所以我们就会猜测他们想要什么（如"我敢打赌他想吃意大利菜"），而对自己的偏好缄口不言（"我不想说我想去哪儿"），最后就是半个橙子的结果！

"完全的共有"指的是人们认为他们应该完全响应同伴的需求，而不是坚持自己的需求。这是有道理的，因为大多数友谊都是建立在共同准则之上的，这些准则规定了我们应该照顾我们所爱的人，回应他们的需求，最重要的是，不要计较谁投入了什么。

然而，当人们发现发生了人际关系冲突时，往往会进行关系调节，这意味着他们可能会做出个人牺牲，以"挽救"和"维持"关系。恋爱中的人们认为，迁就对方是表达爱、关心和情感的最佳方式。当人们为了维持关系而做出经济上的牺牲时，关系调节就发生了。我曾与苏珊·克罗蒂（Susan Crotty）合作进行了一项研究，我们在该研究中探讨了当人们发现自己的人际关系中发生了冲突时，最大的遗憾是没有遵从自己的"内心"，还是没有遵从自己的"头脑"。我们发现，那些后悔没有遵从内心的人往往比那些后悔没有遵从头脑的人放弃了更多的资源，因为他们为关系做出了牺牲。总之，当我们过于听从自己的内心时，我们可能会压抑自己的欲望和需求，将橙子切成两半！

麻省理工学院的贾里德·柯汉教授进行了一系列有趣的研究，进一步揭示了夫妻为何会做出如此大的牺牲，以至于没剩下一点橙子。

促使柯汉进行研究的是欧·亨利（O. Henry）的经典小说《麦琪的礼物》(*The Gift of Magi*)。在这个悲剧故事中，一对贫穷的夫妻彼此深爱，他们都想给对方买一份豪华的圣诞礼物。由于买不起昂贵的礼物，妻子剪下了漂亮的长发，给丈夫买了一根表链。与此同时，丈夫则卖掉了手表，给妻子买了一把昂贵的梳子。这对夫妻各自牺牲了自己最珍贵的财产，为对方制造快乐和惊喜，这是纯粹的利他主义行为。遗憾的是，尽管他们的本意是好的，但他们完全错过了最有效点。

柯汉想出了如何在日常商务和个人层面研究"欧·亨利效应"。在一次模拟中，人们参与了一场就业谈判。求职者扮演的是一位中层经理的角色，他想要从一家分公司调到另一家分公司。谈判桌对面的人是目标分公司的副总裁。这一场景隐含着一个最有效点，即经理和副总裁有着相似的偏好。挑战之处在于，一些求职者被引导相信这家公司有一种平等主义文化；而其他人被告知该公司有一种等级文化。假设是，当人们认为公司的价值观是平等主义时，他们更倾向于为团队考虑而委曲求全，而不是主张自己的利益。情况正是如此。处于平等主义文化中的人们努力表现得友善且通情达理，他们在这些注定失败的努力中错过了最有效点。与此同时，那些处于等级文化中的人在坚持主张自己的利益时会觉得更自在，而且更有可能创造双赢的最有效点交易。

我们大多数的人际关系都是以平等主义规范而不是等级规范为特征的。高度关联的环境会导致人们放弃自己的利益，为了集体而牺牲个人，把橙子切成两半。我们需要一些妙招！

陷阱3：我的适应力强，而他们很脆弱

为什么夫妻和朋友会如此担心冒犯对方呢？答案可能与我们有多敏感与我们认为他人有多敏感之间的脱节有关。在我和塔尼娅·梅农（Tanya Menon）博士的研究中，我们发现，人们认为他人比自己敏感得多，这是一种双重标准。本质上，这是一种心态，即"我可以接受，但我必须小心翼翼地对待其他人"。我们称这种心态为"威胁免疫"（threat immunity），即人们从根本上认为自己比他人坚强得多。为了验证这个观点，我们设置了一个情境，让人们在得到负面反馈之前先预测他人会有多难过，而不是他们自己有多难过。大多数人都说他们完全可以接受负面反馈，但其他人会很沮丧，因此，他们给出此类反馈的最佳做法是"减轻打击"。当然，这导致了异常淡化的隐晦信息，令接收者愈发难以理解。这是双重标准思维的结果。"威胁免疫"有两个负面后果。

第一个负面结果是，一个人越是觉得自己对威胁免疫，而其他人很脆弱，就越会"淡化"自己传递给他人的信息。这导致了一种居高临下的交流方式。使用这种方式时，我们实际上是在怜悯他人，并掩藏我们真实的信息。我们以绩效评估流程为例。该流程旨在通过提供清晰、有建设性的反馈来提高员工的绩效。然而，人们担心他人会在面对批评时崩溃或生气，所以他们会过度补偿，传递模棱两可、淡化的信息，让接收者感到困惑，尤其是在面对面交流时。所以，上级以书面形式给出的反馈比当面给出的反馈更直接。

第二个负面后果是，我们对威胁的免疫越强，我们在人际关系中所建立的联系就越少，人际关系就越不融洽。总之，我们开始与自己

想要亲近的人产生了脱节！塔尼娅·梅农和我在我们的研究中通过询问人们对他们讨论的结果和关系本身的满意度来衡量这种脱节。一种奇怪而令人不安的模式出现了：人们越是相信自己威胁到他人，他们与对方的关系就越受影响。这实际上意味着，那些错误地认为自己威胁了他人的人更有可能纵容他人，从而降低了沟通效率，这在无形中破坏了他们所在意的关系。因此，解决之道就是让自己不再认为自己的才华、美貌和技能会威胁到他人，而是正视对方的才华和实力，从而进行更多平等的互动。

通过观察上述发现，我和我的同事决定测量一下人们的脸皮到底有多薄，专业术语是"面对威胁的敏感度"。为了测量人们面对威胁的敏感度，我们问了三个问题：你的脸皮有多薄？你的感情容易受到伤害吗？你不善于接受批评吗？事实上，我们发现有些人天生就比其他人更敏感或脸皮更薄，当他们受到威胁时，可能会导致特别糟糕的结果。那些声称容易受到威胁的人更具竞争性，也不太可能与他人达成一致，并找到最有效点。简而言之，对每个人而言，越容易受到侮辱或伤害，结果就越糟糕。

陷阱 4：间接沟通

当我们认为他人很脆弱时，我们会不断地进行"校正"，仔细地监控自己的言行举止，以免侮辱、惹怒或伤害对方，而实际上，对方很可能也在以同样的方式对待我们。这种"校正"导致了一种奇怪的沟通动态，在这种动态中，双方都掩藏了他们的语言，用更长的、更谨慎的、更模棱两可的词汇来隐藏自己真实的想法，即使是语言学家也很难理解这种语言。这种沟通就是间接沟通。

一项调查研究了间接沟通的发生频率和后果。研究提出的问题是，人们会使用直接的还是间接的沟通方式。有趣的是，研究得出的结论是：当我们与完全陌生的人沟通时，我们经常使用直接沟通的方式；如果我们认为这个人可能不熟悉情况或背景（如他是新员工），我们就会使用更直接的沟通方式；然而，在与我们熟悉的人沟通时，我们采用的是一种更间接的沟通方式。

在另一项研究中，问题集中在接收方是否理解了信息，以及需要多少认知步骤才能完全理解。大多数人都认为，比起与陌生人沟通，他们与亲密朋友的沟通更顺畅。然而，研究发现，亲密可能会导致人们高估他们的沟通能力，这种现象被称为亲密沟通偏见。例如，比起听从陌生人给出的指示，那些试图听从朋友指示的人更容易犯以自我为中心的错误——看并伸手去拿一个只有他们能看到的东西。而且，当人们试图用模棱两可的词语表达一个特定的意思时，他们在与朋友或配偶沟通时比在与陌生人沟通时更可能高估自己的成功。人们之所以更积极地监控陌生人的信息，是因为他们知道自己必须这么做，但当他们与朋友沟通时，他们则会"放松警惕"，更依赖于自己的观点。

接收方对间接沟通需要更多的认知步骤，才能搞清楚信息发送者真正想说什么。以一对夫妻的情况为例，其中一方想让另一方把门关上。最直接的要求就是"关上门"。但请考虑一下，同样的请求可能会被嵌入一些不太直接的信息，如"你什么时候能关上门"或者"这里很冷"，甚至是"我不想让猫溜出去"。

如果我们的同伴看起来不高兴，那么间接沟通会给我们留一条"退路"。这使我们能够在事后调整我们的意图，以适应这种情况——

一种似是而非的否认。在这种情况下，其中一个人可以否认做过评论或提过请求，因为这不是直接做的或提出的，但这也降低了对方真正理解信息的真实含义的可能性。

当涉及批评或传递坏消息时，人们特别容易"掩饰"他们的信息。例如，一项针对150位进行过道歉、抱怨、拒绝和感谢等行为的人的研究显示，根据他们需要传递的信息，他们的直接性有显著的差异。虽然他们通常会明确做出表达感谢、道歉和拒绝的行为，但抱怨行为大多是含蓄的。

间接沟通可能会让我们看起来非常友善和人道，但是当我们尝试"减轻打击"时会使消息失真，会要求接收者扮演侦探的角色，从所有噪音中找出信号。接收者很难理解信息发送者的意思，因此人们往往会陷入一种双输的境地，因为信息从未按预期被接收。

举个例子。丈夫为妻子购买了一套价格不菲的项链和耳环，这套饰品是用回收的自行车零件制成的。这似乎是一件奇怪的礼物，但他的妻子是铁人三项的狂热爱好者，丈夫就认为这是送给她的完美礼物。但是，她很讨厌这套饰品，因为它们又重又很难扣紧，而且还在她的皮肤上留下了印迹。收到这份独特的礼物后，看到他如此煞费苦心，她很感动，说了声"谢谢你"，但她从来没有戴过它们。她希望这能传递出一个信号。显然，丈夫并没有注意到这间接的信息——"我没有戴过它们"，因为令她错愕的是，在他们的下一个周年纪念日，他自豪地送了她两支用回收的自行车零件制作的手镯！她叹了口气，想着如果说些负面的话就会伤了他的心，更不用说指责他花钱买了那些讨厌的礼物了。不过，情人节就要到了，她还是鼓起勇气与他进行了一次直接沟通。她说:"亲爱的,我知道情人节快到了。我不需要更多的珠宝了。不过,我确实需要一个新的旅行箱。"她屏住了呼吸,但他却微笑着说:"哦,我明白了,我从没见你戴过那两件首饰!"

当利害关系更大时,如对于一对相处遇到困难的夫妻而言,直接沟通会如何呢?答案取决于双方是否有能力并且愿意做出改变。当夫妻之间有严重的问题需要解决,并且双方都能够做出改变时,直接沟通可能就是有效的;然而,当双方没有足够的信心或安全感来应对时,直接沟通可能就会造成伤害。相反,当问题比较小或无法改变时,或者双方因抵触情绪而阻碍问题的解决时,不太直接的沟通(包括表达爱意和认可)则可能是有益的。

使这个问题更加复杂的是我们高估了自己的直接性。例如,有时我们认为自己很直接,但对方却不明白我们的意思。当我们(错误地)认为对方也知道我们所知道的信息时,就会发生这种情况。我们知道自己的意思,我们认为对方也知道我们的意思,但其实对方很困惑或不确定。这就是所谓的"透明度错觉"(illusion of transparency),即信息发送者认为自己的表述很清楚且友好,但接收者却感到困惑。其结果是多元无知,即没有人真正知道人们理解了什么,也不知道沟通的真正意义是什么。这种情况在很多关系中都经常出现,一方试图与另一方沟通,并确信对方收到了信息,但实际上信息发生了丢失或者并没有按预期被接收。

当商业合作伙伴需要以第三方(如客户)可能无法理解的方式沟通时,他们常常会面临相同类型的沟通挑战,这就是所谓的多受众问题。有一次，我加入了一个服务提供商团队，试图争取一位重要客户。我在一个重要会议开始后一小时后才到，所以并不知道他们在我到达之前都讲了些什么。显然，在我到达之前，客户已经透露了一个非常重要的"必备条件"，他们认为我们之前已经知道了这一点。因此，对我而言，在没有明确提示的情况下提到客户的特定需求是很重要的。在会议期间，我的团队试图巧妙地向我传达客户的"必备条件"，这样我自然而然就会给出建议了，但我没收到他们的信号。然而，我意识到，对话正莫名其妙地模糊起来，因为我的团队一直在回过头来让我继续详细阐述。后来，一位同事显然意识到我永远也不可能明白了，于是她冒险在便笺纸上写了几个字，就像在涂鸦一样。幸运的是，当她在桌子下用胳膊肘碰了我一下后，我看到了她写的字。我理解了她的意思，并且将谈话重点转移到强调客户的"必备条件"。

为了说明这种透明度错觉，在一项调查中，人们被要求说一个句法上有歧义的句子，并确信接收者会理解这句话的意思。这句话是"Angela shot the man with the gun"。如你所见，这句话可能有两种意思：一种是安吉拉用枪射杀了一个人；另一种是安吉拉射杀了一个携带枪支的人。现在，让我们进一步想象一下，如果这两种可能的意思之间的区别是非同寻常的，那么正确地表达这两种意思就是至关重要的。在这项研究中，大多数人都对自己表达意图的能力非常有信心。尽管如此，接收者还是会感到困惑，而且他们在 50% 的时间里对信息的理解都是错误的。这不比侥幸好多少！这就是职场中的透明度错觉。

透明度错觉存在于很多长期关系中，这也许并不奇怪。彼此有深入了解的夫妻和商业伙伴认为，其他人甚至是他们所爱的人都能敏锐地意识到他们的内在需求、想法和意图："他们懂我。他们真的懂我。"正如我们将要看到的，这种过度的自我关注蒙蔽了我们的双眼，使我们无法找到最有效点。一位同事告诉我，她和丈夫花了一年多的时间才都意识到，她想全职工作，而他想做全职家庭主夫。她的丈夫刚刚结束了一次令人筋疲力尽的商务旅行，回到家后对她说："我真希望这周我能待在家，而不是在路上。"这时，他们才意识到这一点。她说："我真希望那样！因为如果当初你能待在家里，我可能已经实现我的商业想法了！"他们就这种情况开了几分钟的玩笑，然后才意识到，在目前的情况下，他们内心深处的共同愿望是无法实现的。他们还意识到，他们最终可以进行一次"交换"，这会使他们都更快乐。不久之后，她回到了全职工作岗位，而他也辞了职。

透明度错觉也给格蕾塔敲响了警钟，她是一家大学医院的一位知名医生。当她在我的课上了解了这一现象时，她告诉我："这就解释了一切。"具体地说，几个月来，她一直在与她的一位直接下属争论招聘新员工需要采取哪些步骤。格蕾塔越来越沮丧，因为这位下属记不起招聘流程应该遵循哪些步骤。格蕾塔已经在这个职位上干了十多年，并且在多个招聘委员会任过职，所以，她对招聘新员工的步骤非常清楚，至少对她来说是这样。然而，每次招聘新员工时，这位直接下属都似乎什么都不记得了。

有一次，我们展示了透明度错觉效应，格蕾塔意识到她从来没有坐下来给她的直接下属就招聘流程做过全面的讲解。于是，她花了45分钟的时间和这位下属喝咖啡，并分享和解释了其中的步骤，她还加上了一种她称为"教我"的妙招。我问她这个妙招是如何发挥作用的。格蕾塔解释说,当把这些信息告诉她的下属后,她要求下属立即向她解释这些招聘步骤。她很小心,并没有把这种做法定位为"抓住你的把柄的测试"。在下属提问前,她说:"我意识到我的沟通没有像我想要的那么清晰。如果你来教我,这将有助于我提高我的沟通能力。"直接下属松了一口气,然后全面、准确地解释了招聘流程。这是一种双赢。

重新考虑关系的建议

人们常给处于某种关系中的人提的建议是尽量减少冲突,维持和平。从表面上看,这是有道理的。然而,这可能会让不知情的夫妻、情侣和家庭走上将橙子切成两半,甚至更糟的道路——橙子一点儿也不剩!

重要的是要批判性地审视那些已经潜入我们的关系心理模型中的建议。在下面的章节中,传统的关系建议被修改、扩展,甚至在某些情况下被彻底颠覆了,所有这些都是为了帮助我们与我们最爱的人一起找到最有效点。

提升人际友好度的谈判妙招

如果人们不愿意清楚地表现出他们真正的兴趣和痛点,那么在人际关系中找到最有效点就将非常困难,甚至是完全不可能的。我们当然不是建议人们开始提要求和只关注自己的需求,这是不现实的,还有可能对关系造成伤害。关键是要运用一些妙招,让你在人际关系所面临的冲突中找到最有效点,而不是将关系置于危险之中。

以下,我将介绍九个在人际关系中找到最有效点的妙招。请注意,从表面上看,这些妙招中有很多似乎与可能真正有效的做法相反,这就是为什么人们没有经常使用它们。

妙招 1

共情和换位思考

在大量的人际关系建议中,表现出共情可能是最常见的建议之一。人们经常被鼓励去花一分钟想象一下同伴的感受。心理学家卡尔·罗杰斯(Carl Rogers)说,共情"意味着暂时生活在他人的生活中——在其中优雅地走动,而不做出任何判断;它意味着感知他或她几乎没有意识到的意义,而不是试图揭示完全无意识的感觉"。今日心理学网站(Psychology Today)建议:"共情可以让你对其他人心生同情,当你对他人有同情心时,你想帮助他们或减轻他们正在经历的任何痛苦。除非你真的认识到或理解另一个人实际上正在受苦,否则你不可能对他心生同情。"人们天生就会与最亲近的人共情,因为当我们与某人亲近时,他会成为我们的一部分。人们常说,共情和有同情心是拥有成功关系的基本技能。那么,现在的问题是,共情是否真的能帮助人们找到最有效点。

我和你一样惊讶地发现,当帮助人们在人际关系中寻找实现双赢的方法时,共情并不像你想象的那么有效。事实上,共情在引导我们找到最有效点方面可能完全无效。因为当人们专注于同伴的感受时,他们可能会感到很欣慰，但这并不能帮助他们理解如何将令人沮丧的局面转变为双赢的局面。我们以克里斯和杰米的经历为例。他们是多年的朋友和合作者。两人曾一起写过几本书，并经常作为一个团队参加公开演讲和咨询活动，收入可观。他们均分收益，均摊成本。有一次，杰米被单独邀请与一位咨询客户合作，而这位客户之前曾与他们两人都有过接触，这使他们之间出现了不愉快。看到克里斯的沮丧，杰米尝试了几次共情和理解（如"我能想象你现在的感受""我知道你很难过，我不怪你"）。然而，共情本身并不足以解决问题，还严重影响了他们的关系。

有什么妙招呢？当然，我并不是在建议人们变得冷漠无情。恰恰相反。问题是如何更好地预见、发展和实现双赢。我们需要一个关于共情的妙招！

事实证明，有一种与共情很相似的方法可以作为完美的妙招，这个方法就是换位思考（perspective-taking）。换位思考有点像共情，但还要用头脑（不是只用心）！区别在于：当我们共情对方时，我们会想象对方的感受：难过？伤心？孤独？沮丧？当我们进行换位思考时，我们会想象对方是怎么想的，也许是因为我们忘记了他们的生日而难过；或者是因为我们取消了度假计划而伤心；或者，在克里斯和杰米的例子中，他们因为自己的智力工作没有得到认可而感到沮丧。在他们的案例中，杰米使用换位思考意识到，克里斯的焦虑不仅仅是感到"伤心"，还因为他认为自己的智力工作没有被认可、报酬低得多。杰米能够用这种领悟来解决这个问题，所以他同意在提供给客户的所有印刷材料上充分展示克里斯的智力贡献，并同意向克里斯支付一定比例的咨询费。

一般来说，思考他人的观点比单纯地去体会他人的感受能更有效地找到最有效点。因此，换位思考不同于纯粹的共情。换位思考是一种从他人的角度看待世界的认知能力，而共情是一种与他人在情感上建立联系的能力。可以肯定的是，换位思考和共情在不同类型的谈判中都是有用的：换位思考能让你更准确地理解谈判各方，而共情则可以让你产生更好的情感理解。天生具备很强的换位思考能力或被称赞能够从对方角度出发的谈判者，更容易在谈判中确定最有效点并获得理想的结果。换位思考者比共情者更容易发现隐藏的最有效点，实现最大的共同利益并确保和平。

在我最近目睹的一场高管和员工之间的冲突中，换位思考挽救了局面。高管认为他对某个项目拥有完全的控制权；然而，这位员工却单方面、独立地做出了决定，这让高管火冒三丈。此外，双方都认为对方有不良动机，认为对方行为恶劣。情绪激动的电子邮件一封接着一封，双方都试图建起阻击联盟。早期尝试让这两人共情对方的努力适得其反："我根本不在乎她对这种情况的感觉，她太过分了。""他真是个自大、自以为是的控制狂！"

毋庸置疑，冲突正在迅速升级。当双方都冷静下来进行换位思考时，有趣的事情发生了。当被问及员工为何要坚持获得控制权时，高管意识到，这位员工是在试图为自己创建一个新职位；她独立做出决定和判断是她为想获得的新角色创建商业案例的方式。同样地，当被问及高管为何如此坚持保留决策控制权时，员工意识到这位高管正计划在未来几年内退休，而他将这个项目视为自己的封山之作。在此番换位思考之后,高管和员工制定了一个完美的最有效点解决方案:高管独立做出项目决策,并且利用他的影响力建议提拔这位员工来领导这个新项目。

妙招 2

将不信任转化成善意的质疑

另一个常见的关系建议是信任你的同伴。不信任同伴就是结束的开始。信任被认为是有效关系的基石。

猫王曾低声吟唱:"我们不能和多疑的人在一起……"但研究却得到了一些不同的结论:当我们在人际关系中寻求双赢时,怀疑可能对我们很有帮助,或者至少比不信任更好。让我举个例子。我在一些家族企业中工作过一段时间。在这些企业中,情感、关系和过往常常不容忽视,这是意料之中的。"信任"这个词经常出现,正如很多家族企业的成员告诉我,他们已经失去了对他人的信任。

例如,哈维尔向我讲述了他的家族企业的具体情况,其中涉及"很多爱、很多过往和很多不信任"。多年来,哈维尔一直觉得,他的叔叔没有提供真实的财务报表。更糟糕的是,哈维尔的父亲最近去世了,两兄弟之间一直存在竞争。和我一起喝咖啡的时候,哈维尔表现出了深深的沮丧和对叔叔的不信任。"你打算怎么办?"我问。哈维尔叹了口气说:"我可能不得不离开公司,但我不想离开。"

现在,我们遇到了一个问题,虽然信任对于找到最有效点非常重要,但我不能轻易让哈维尔这样的人去信任那些他们已经不信任的人。所以，我们需要一个关于信任的妙招：将不信任转化成怀疑。当我这样做的时候，我的很多客户和学生都说："不信任和怀疑是一回事！"我眨眨眼说，不信任和怀疑其实是完全不同的：一个会导致双输的结果，而另一个却会导致双赢。因为当我们不信任某人时，我们对他的动机有负面预期，就像哈维尔对他的叔叔有负面预期，甚至考虑离开一样。

然而，当我们对某人心存怀疑时，我们可能只是不确定他的动机。因此，我鼓励哈维尔开动脑筋，想出各种可能解释他叔叔行为的动机。这很难，因为哈维尔非常不信任他。最终，他想出了一些其他的解释，包括叔叔可能觉得对家庭幸福负有责任，不想让任何人担心家族企业的财务状况，或者由于叔叔没有接受过正规教育，他可能被哈维尔在商学院学到的财务技能吓到了，而不想显得无知或无能。

怀疑更有效的原因是，不信任通常导致撤退（或对抗），但怀疑可能导致善意的质疑。事实上，当谈判者对对方产生怀疑时，他们更有可能达成更多双赢的一致，并找到最有效点。以我们反复提到的姐妹俩分橙子的例子为例，我们很容易想象，如果其中一人怀疑另一人的意图或利益，这可能就会达成双赢的一致！归根结底，信任是伟大的，但不要指望它！如果可能，请抛开你的不信任，变得多疑和好奇。

几个月后，哈维尔告诉我，他能够与叔叔讨论家族企业的财务状况了，并愉快地留在了家族企业。

妙招 3

表达失望

有时候，天堂里也并非事事顺利。人们会感到沮丧和愤怒。他们通常不是压抑愤怒，而是表达愤怒。事实上，压抑愤怒会产生一种压力反应，这种反应在大量的心身疾病中扮演着重要角色，如头痛、高血压、心血管疾病、甚至癌症。因此，我们通常建议人们将愤怒表达出来。心理学家和治疗师都鼓励人们认识和接受自己的愤怒情绪，并学会如何以不具威胁性的方式表达愤怒。

愤怒在冲突和谈判中也是一种常见的情绪。事实上，在所有威胁人们找到最有效点的情绪中，愤怒排在第一位。因为愤怒是最经常获得回应的情绪，也就是说 A 表达的愤怒会导致 B 表达愤怒。这当然会引发一场不断升级的"愤怒军备竞赛"。在这场竞赛中，愤怒的人更有可能发出威胁，对方也会以牙还牙，从而导致冲突升级。那么，问题是，如何从愤怒的恶性循环中解脱出来呢？好吧，正如你可能猜到的那样，告诉人们"冷静下来"或"不要生气"根本没用，如果说有什么作用的话，就像我们大多数人都经历过的那样，只会火上浇油。所以，我们需要一个关于愤怒的妙招。

如果你停不下来或找不到自己的重置按钮，那么阻止不断升级的愤怒-攻击循环的理想方法就是使用关于失望的妙招。这是因为并不是所有的负面情绪都有相同的后果或者都会激活相同的大脑区域。与愤怒不同，失望不是一种相互作用的情绪；相反，失望常常会产生一种互补的反应，例如，当 A 表达失望时，B 会试图减轻或"修复"

失望。一方面，表达失望似乎意味着软弱；另一方面，它可以请对方提供帮助。一项调查研究了人们对那些表现出失望或担心的对手的反应，以及他们对那些貌似冷漠或看似内疚的对手的反应。当对手表现出失望时，人们会做出更多让步；而当对手表现出内疚时，人们让步最少。

当我作为旁观者在一家高端百货公司里观察顾客和销售人员时，我亲眼看见了在面对失望时提供帮助的互补反应。在这个案例中，顾客是一对母女，她们正在挑选一件礼服，这件礼服是按照她们的要求修改过的。然而，这位母亲最近发现这件礼服不符合学校（显然）非常严格的着装要求。更多的改动也无法解决这个问题。这位母亲立即怒火中烧，声称"任何有信誉的高端百货公司都应该充分了解当地公立高中的着装要求"，并要求全额退款。店员引述了各种条款，并照着长长的收据后面的小字逐字读着，大多数句子都以"很遗憾……"开头。旁边的人们开始窃窃私语。这时，女儿采取了一个绝妙的失望策略。"妈妈，"她说，"这其实不是她（售货员）的错。别让事情变得更糟了。我只是很失望，不能像我想的那样参加我的毕业典礼了。"突然，店员的态度发生了变化。显然，她也有一个女儿，她想帮帮这个小姑娘。其实，她只需敲几下键盘就可以授权换货，条件是在这里购买一件价格差不多的衣服。

在上述情况中，正如在很多冲突中一样，冲突双方都是各怀私心的，往往没有理由关心另一方。在这种情况下，店员希望拿到销售提成，并且不想做额外的工作，而母亲则希望获得VIP客户服务，却没能获得。事实证明，表现出失望对那些自私的人尤其有效。因为自私的人将失望视为一种对得到他们想要之物的威胁，他们会改变主意，想办法实现他们的目标，这往往会带来更多的互惠互利。

妙招 4

有策略地避免眼神接触

谈到冲突时，我们都被告知要直视对方的眼睛。的确，当有人避免眼神交流时，我们往往会不太信任他们，甚至认为他们可能在撒谎。然而，眼神接触也是一种与权力和支配地位有关的策略。有权势和有地位的人更有可能瞧不起别人。

研究人员罗德里克·斯瓦伯（Roderick Swaab）想知道，在某些冲突中，眼神接触是否会让情况变得更糟。他推断，女性在有眼神接触的情况下更容易理解他人，而男性在没有眼神接触的情况下更容易理解他人。这是因为眼神接触是一种与权力和攻击有关的信号。斯瓦伯预测，保持稳定的眼神接触的男性会表现得更有攻击性，给人感觉也更有攻击性。为了验证这一点，他（在得到允许的情况下）测量了参与者的睾酮水平。在斯瓦伯的实验设置中，一些参与者面对面谈判，并保持稳定的眼神接触；而其他参与者没有保持稳定的眼神接触。此外，在某些情况下，男性与男性谈判；在其他情况下，女性与女性谈判。正如预测的那样，眼神接触让男性的谈判结果变差了，而女性的谈判结果则不然。

结果是确定的：眼神接触确实会提高男性的睾酮水平，最终影响谈判的有效性。

事实上，当女性进行直接的眼神接触时，她们更容易（而不是更少）找到最有效点，因为女性比男性更喜欢眼神接触。当女性进行眼神接触时，她们是为了理解他人。另一方面，男性通常只在想要竞争和统治时才会进行眼神接触。

现在，让人们有策略地避免与他人进行眼神接触可能是不切实际的。在大多数商务和私人会议中，人们因为座位的安排可能很难避免眼神接触。所以，这个妙招可能涉及某些我们可以更有策略性地控制的东西，比如座位安排。

几项关于群体行为的研究发现，当人们坐得更近时会发生更多的对话。彼此喜欢的人会坐得更近；而当陌生人坐在一起时，他们更容易彼此喜欢。

座位的布置可以激发人们在根本上不同的需求，进而影响说服力。例如，当人们环坐在一起时，如果说服性材料（如推销广告）包含以家庭为导向的暗示或多数人都认可的信息，他们就会更积极地做出评价。然而，当他们坐在更棱角分明的区域（如方桌旁）时，如果说服性材料包含自我导向的暗示或少数人认可的信息，他们就更喜欢评价有说服力的材料。原因是圆形布局激发了人们的归属感，而角型布局则激发了人们独特的需求。

此外，除了对这个课题的研究以外，我也在课堂上亲眼看见了这一切。我尝试了让人们面对面坐和坐在桌角两边。当人们面对面坐时，他们的行为更具竞争性，结果也会受到影响。然而，当他们相邻坐在桌角的两边时，他们的行为更具协作性，也更有可能对最有效点达成一致。

我的一名学生告诉我说,在与客户谈业务时,她只采用圆桌会议的形式。她曾不止一次根据餐厅的桌子(圆桌、方桌或长方桌)来选择餐厅,这样做可以从战略上影响谈判的性质。

妙招 5

提要求时,想象自己代表着团队或其他人

我在自己的研究中发现的最令人痛苦的一个结果是,在各种类型的谈判中,女性得到的交易往往比男性的糟糕。这个结论被很多人借用过。在薪资谈判时如此,在购买汽车和房子等大宗商品时也是如此。有很多原因可以解释为什么女性往往会陷入不那么好的交易,如明显的偏见和她们也许不像男性那样被认真对待等。不足为奇的是,我认识的女性对此都非常沮丧,她们希望在涉及薪资、休假和汽车等所有问题的谈判时都能有一个公平竞争的环境。

塔玛拉是一位年轻经理。她讲述了她以前在一家大公司担任顾问时的情况。塔玛拉注意到,在她实习的区域,男性通常都会得到更多的合约和客户,虽然他们与塔玛拉是同时被聘用的。她还发现,这些男性能获得更高的奖金和加薪。然而,尽管她努力尝试,但还是无法从工作表现的优劣上来解释这种差异。

当我坐下来与塔玛拉交谈时,我问了她两个问题:(1)你多久会与高级合伙人就咨询工作和薪酬进行一次谈判?(2)当你这样做时,你是如何阐述自己的观点的?塔玛拉的非言语反应说明了一切。正

如我所怀疑的，塔玛拉并没有适时地发起谈判；她往往会耐心地等到绩效考核。"唉，我不喜欢提更多要求！"这是她的态度。与此同时，她团队中的男性成员则适时地进行了谈判，并与高级合伙人进行了几次"需求"讨论。此外，当塔玛拉参与谈判时，她虽然承认自己非常不舒服，但也不会提出要求。她说的一句话证实了我的想法，她说："当我代表我的团队或其他人提出要求时，我会更自信。"

"你能举个例子吗？"我问。她说："去年，我的员工在报税季节加班工作，为一位非常重要的客户准备纳税报告。他们的薪水都不是很高，很多人都只是兼职，我想要求高级合伙人提高他们的时薪并支付奖金。我毫不费力地就为他们争取到了！"

有了这样的领悟，塔玛拉偶然发现了一个能够找到最有效点的最有效妙招就是，当你提出要求（不管是加薪、讲价、要求更多假期，还是其他任何事情）时，你可以想象你在代表团队或团体谈判。在某些情况下，这是很容易做到的，就像塔玛拉一样，因为她真的是在努力保护她的团队。

但有时，我们可能需要找到一位我所谓的"精神上的支持者"。例如，在一项研究中，一些人被告知他们正在代表一位重要的"支持者"进行谈判，"支持者"指望他们能带回一笔好交易。而其他人则没有感受到"支持者"的压力。这些人从未见过"支持者"，而只是被告知他们将在未来的某个时间对"支持者"负责。实际上，那些对支持者负责的人为自己争取到了更好的条款，原因可能是他们不想让这个看不见的群体失望。但是，这一发现为我们提出了重要的警告：只有当相关各方期望在未来进行互动时，对团队负责才能带来更大的最有效点（双赢）结果。因此，获得最佳结果的条件是：（1）各方预期未来将一起工作；（2）每一方代表一个群体。

那我们这些不用对团队或支持者负责的人呢？例如那些只想协商出一个更优惠的补偿方案的人。我的一位高管学员——一位就职于一家大型金融咨询公司的女性，创造性地解决了这一问题。她准备代表退休后的自己与高层领导谈判。作为家中唯一的工薪族（丈夫全职在家，还有四个孩子），她估算了她在为孩子们支付16年学费后的净收入。在谈判时，她甚至使用"我们"来指代现在和将来的自己。这招奏效了：她带着一份非常优厚的加薪方案结束了谈判。

我认识的另一位年轻女士是一位收入固定的私人教练，她的车被偷了，需要尽快买一辆新车，方便她去多个健身俱乐部与客户见面。当走进4S店时，她戴上了一枚假结婚戒指，并把手机闹铃设置为40分钟后响起，这样她就可以接个"电话"，与"丈夫"一起商量价格和其他条件。她成功拿到了她认为的大幅折扣，因为她自称是家庭的"采购官"。

汉娜·莱利·鲍里斯（Hannah Riley Bowles）、琳达·巴布科克（Linda Babcock）和凯瑟琳·麦克金的研究结果表明，当女性代表一个集体、团队或一些支持者时，她们特别有可能获得更好的交易。传统上，女性不愿意提出更多要求，因为这样做可能会显得贪婪或自以为是，并可能遭到强烈反对。然而，当女性代表支持者或团体时，她们更愿意代表支持者或团体要求更优厚的待遇。

妙招 6

沉默以待，但表明自己在思考

维持人际关系的基石是参与和互动。人们坚信，当情侣们减少见面时间、不再约会或以其他方式沉默地对待对方时，这很可能就是结束的开始。

也许没有任何一种策略会像沉默那样在人际关系中造成更大的压力和冲突。沉默相当于不与你的同伴说话，不看你的伴侣——基本上就是对你的同伴视而不见，即使他和你坐在同一张桌子旁。因此，婚姻研究人员和心理医生会告诫夫妻要保持沟通和亲密关系。在我接受婚姻和家庭顾问培训期间，培训师强烈要求我们保持接触，不仅是与我们的客户保持接触，而且要促进客户与他们的伴侣保持接触。

仅仅出于这个原因就建议处于某段关系中的人保持沉默似乎有些奇怪。麻省理工学院的研究人员贾里德·柯汉想知道，在某种意义上，过多的谈话是否会使人们看不到眼前的最有效点。也就是说，不停地沟通是否会妨碍我们找到解决方案。

于是，柯汉与计算机科学家们合作，对数千小时的冲突和谈判进行了研究。他们把注意力集中在他们所谓的"令人不安的长时间沉默"或者那些 20 秒左右的沉默上。对大多数人而言，对话中有这么长时间的沉默会很难受。

研究中出现了一种有趣的模式。在每次令人不安的长时间沉默之后不久，一个"橙子"就以双赢的方式被切开了。更科学地说，柯汉

第 5 章
解决关系问题的最有效点

发现，沉默与随后的谈判和冲突中的双赢一致之间有着密切的联系。然后，柯汉提供了一个有趣的角色扮演场景，他告诫人们在谈判中尽可能长时间地保持沉默。大多数人对此都表示难以接受，因为这感觉就像是退出了。但是，相同的发现出现了：长时间的沉默带来了更多的双赢结果。柯汉随后进行了更深入的研究，他发现，一段时间的沉默与更强的认知活动和创造性思维有关，从而产生了最有效点交易。

我是一名应用研究者，所以我决定，当我和女儿因她的出国留学旅行计划和相关预算而发生激烈争论时，对她进行"沉默对待"的试验。这是一个理想的冲突谈判情境，因为其中涉及了很多变量，如往返机票、食宿和特殊活动（如音乐会）的价格。我必须说，我第一次保持沉默的尝试并未奏效，因为女儿指责我以沉默对待她。于是，我为这个妙招设了个连环计。我说："我感兴趣的是如何确保我理解你的感受而又不忽略所有这些因素，所以我要暂停 20 秒对自己进行心理评估，因为我想确保我的话真的有意义。"这似乎让她松了一口气。在我结束沉默之后发生了两件事：我女儿也沉默了一段时间，在接下来的半个小时里，我们解决了这个问题。所以，我的妙招是：表明自己并不是在沉默，而是在思考。

妙招 7
用"解决问题"代表"谈判"

"如果我的妻子给您发邮件，您就告诉她我在上金融课。"在我教的为期一周的高级管理人员工商管理硕士谈判课程的第一天，一位管理者这样对我说。我疑惑地看着他，因为他参加的是我的谈判课程。

他解释说："她担心我会用在课堂上学的这些策略在家庭辩论中获胜。她真的很紧张。"我很清楚,这名学生(和他的妻子)有一种关于谈判的赢输心理模式。他们都认为谈判会有赢家,也会有输家。很多人都这样看待谈判。

当我回想起这名学生告诉我的关于他妻子的事情时,我意识到自己在商务往来中也曾有过类似的行为(如对所教授的话题有所回避)。像很多人一样,我也买卖过自己的房屋和资产。对于房地产经纪人、代理商和委托人提出的无关问题(如"你是做什么工作的"),我学会了永远不说:"我教授谈判课程。"因为他们会立刻提高警惕地说:"那意味着我什么都不该告诉你,对吧?"所以,我的妙招就是根本不使用"谈判"这个词。请不要误解我,我没有说谎。我只是说我在一家商学院工作,教授团队合作、冲突管理、协作、创造力、商业和情商等课程。所有这些都是真的!

我和我的同事们都想知道"谈判"一词是否会引起人们的焦虑,因为它可能会让人们联想到竞争。例如,如果朋友们不将谈判视为"谈判",而是共同解决问题,他们可能就会更好地找到最有效点。因此,我们设计了一个实验,在这个实验中,人们需要与一个朋友谈判,但是我们将用两个不同的名称(即"谈判"和"共同解决问题")来描述这种情况。

我们认为,朋友可能不愿意与朋友"谈判",而愿意"共同解决问题"。参与实验的朋友们并不知道,实验包含了一些完全兼容的问题,而关于这些问题,他们的愿望完全一致。例如,假设他们正在计划度假,其中有些问题需要解决,如预订酒店、旅行方式、停留时间和旅行季节。他们对这些问题有不同的偏好，但当提到旅行方式（如乘坐飞机、汽车和火车等）时，他们的想法完全一致。问题是他们是否会意识到这一点并找到最佳解决方案，还是无法实现最优化。

在谈判之前，我们还测量了人们的团体取向。一个人的团体取向是他们对人际关系中的人应如何分配和共享资源的看法。具有高团体取向的人认为，同伴应该照顾彼此的需求，而不考虑谁的贡献最大；具有低团体取向的人对待他们的友谊更像对待商业交易，他们会非常关注得到和付出。

因此，会发生什么呢？将谈判视为解决问题并且在团体取向上相似的朋友最有可能得到最有效点结果。然而，当团体取向不同时，他们看到双赢机会的能力会急剧下降。这意味着，当一对朋友中有一方的团体取向较高，而另一方的较低时，他们可能无法找到最有效点。

按照同样的思路，凯瑟琳·麦金研究了室友和朋友是如何谈判的，并很快发现在这些群体中最好不要使用"谈判"这个词。处于某种关系中的人们似乎都不喜欢这个词，他们更喜欢"解决问题"这个词。通过研究 87 对朋友双方谈判的记录，他发现大多数人很快都会尝试协调一种共同的沟通逻辑，并且他们基本上是即兴进行的。这种"即兴"有三种形式：开诚布公（一方说："我认为，为了赚到最多的钱，我们都应该告诉对方自己的数字是多少。"对方会说："我同意，这正是我想要做的。"）；合作（一方说："我想一个很好的方法可能是在我愿意支付的价格和你想要支付的价格之间找到一个中间点。"对方会说："好吧，我们想要解决这个问题，这样我们每个人都能得到公平的交易。"）；讨价还价（一方说："这是一盏非常昂贵的台灯，所以 95 美元的价格似乎很合理。"另一方说："我最多出 60 美元。"）。

此外，当谈判陷入僵局时，参与研究的人们使用了三个动态策略。第一个策略是信任测试。例如，当一对朋友就一件他们想要协商的物品的价值无法达成一致时，卖方朋友提出："我们能否把价格区间缩小一些？或许我们能知道如何调整估价？"当对方回答"好的"时，双方就建立了信任，就可以交流更多的信息。

第二个策略是澄清过程。例如，一对朋友正在商讨一盏灯的价格。卖方说出了自己的意图："你误会了，我买这盏灯花了 39 美元（因为她知道买家以为她原本只花了 25 美元）。"对方回应说："哦，好吧。所以，我知道你的要价本可以再高些……"

第三个策略是情绪标点，这种策略可用于陌生人之间，而不是朋友之间。情绪标点是情绪的强烈爆发〔如"我对你很坦诚，我讨厌别人对我不坦诚……一开始我只是在问你价格，而你却在算计……所以我宁可放弃我的（利润），也不愿被称为傻瓜！"〕。用一句话说就是，情绪标点往往会令对方的情绪升级（如"这绝对是在测试贪婪，不是吗？"），正如前文对愤怒的讨论。想必当我们与朋友和爱人谈判时，我们都会抑制消极的情绪，因为风险太大了。但当事情涉及朋友或爱人时，我们的情绪也常常会变得很激烈！

让我们面对现实吧！"谈判"一词会让人联想到那些强悍、面无表情、冷酷无情的人物。而且，如果某人是谈判专家的消息不胫而走，那么你就可以确定，对方要动真格的了。凯西·廷斯利（Cathy Tinsley）教授和她的同事进行的一项研究非常清楚地证明了这一点。

廷斯利发现，当业余谈判者得知自己的对手是一位经验丰富的谈判专家时，他们的态度会比当对方没有名声或名声较小时更加强硬，而且整体结果也会差得多。

为了清楚地说明关于谈判背景这一点，社会科学家李·罗斯（Lee Ross）进行了一项涉及囚徒困境博弈的巧妙研究。囚徒困境是一场高度程式化的博弈，涉及两个人，他们都必须在不与对手沟通的情况下做出选择，而这个选择决定了他们的命运。你可能想知道它为什么叫这样一个名字。在这场博弈游戏的常见版本中，两个人因涉嫌犯罪（如抢劫）被捕。然而，由于缺乏证据，"执法人员"需要至少一方的供词才能把双方牵扯起来，也就是说，任何一方招供都将导致双方被判有罪。然后，"执法人员"会向玩家提供如图5-1所示的选择，图中也包括每名玩家在每个场景中将被判处的刑期。

	对方：不招供	对方：招供
你：不招供	你：1年 对方：1年	你：10年 对方：自由
你：招供	你：自由 对方：10年	你：5年 对方：5年

图 5-1 "执法人员"向玩家提供的选择以及玩家所做选择的结果示意图

最重要的是，你根本无法控制或者不知道你的同伙会做什么。但你必须在接下来的五分钟内做出选择：要么招供，要么不招供。很明显，对你们两个而言，最有效点是不招供（也就是保持沉默）。在这种情况下，你们两个的刑期都很短（每人一年），这是一种双赢。这很简单？不是这样的。大多数人都招供了！为什么？让我们仔细思考一下。假设你通过一位线人了解到你的同伴不打算招供，这意味着你要么坐一年牢，要么被释放。大多数人都喜欢自由而不是坐牢，所以他们选择招供（这样做其实是出卖了他们的同伴）。现在，假设你的线人告诉你，你的同伴决定招供，这意味着你将坐 10 年或五年牢。大多数人都会选择坐五年牢，这就需要他们招供。现在，我们明白了，我们不需要线人就可以清醒地意识到，无论我们的同伴怎么做，招供总是更好的选择。问题是，你的同伴很可能也在这样想，如果你们得出同样的结论，那就意味着你们会双输。这就是为什么它会被称为"囚徒困境"，即追求理性和合乎逻辑的结果将导致双输。最有效点就在那里，我们却常常无法找到。

那么，李·罗斯在他的博弈研究中发现了什么呢？当这个游戏被称为"华尔街游戏"时，大多数人最后都招供了，把自己和他们的搭档都毁了；然而，当它被称为"团体游戏"时，却有更多的人能够找到最有效点。得失（即游戏结果）都是一样的，但游戏的名称完全改变了人们的心态。"谈判"一词的作用很像"华尔街"这个词，会带来竞争和利己的行为！

妙招 8

不要肯定自己，而要肯定对方

很多心灵自助类书籍都鼓励人们要肯定自己。如果用谷歌搜索，你会找到数百个这样的标题，如《如何爱自己卡片：一副有 64 个肯定的卡片》(*How to Love Yourself Cards: A Deck of 64 Affirmations*)和《日日肯定：500 个自我肯定让你早起床》(*Daily Affirmations: 500 Self-Affirmations to Get You Out of Bed in the Morning*)，甚至一本涂色书的题目都是《让你的路丰富多彩：色彩之旅+引用和肯定》(*Color Your Way: A Color Journal+ Quotes and Affirmations*)。像《赫芬顿邮报》(*Huffington Post*)这样的媒体都使用以注重肯定的文章承诺为你提供帮助，其中一篇文章为《将改变你生活的五种肯定》(*5 Affirmations That Will Change Your Life*)。

自我肯定会不会过多呢？自我肯定、自我接纳和自我关注都可能使人们过度地陷入自己的头脑中。事实上，我们的研究表明，过多的自我关注会让我们错过最有效点，因为这会导致我们无法理解我们的同伴。而且，我们越关注自己，就越有可能曲解别人的观点。因此，我们的建议恰恰相反：不要肯定自己，而要肯定别人。或者如果你肯定了自己，那就拿出同样的时间来肯定对方。

为了测试自我肯定和他人肯定对人际关系健康程度的影响，塔尼娅·梅农和我为人们列出了一系列特征和价值观，包括艺术修养、审美能力、幽默感、与朋友的关系、自发性和社交技能。我们让人们仔细阅读这份清单，想想哪些价值观对他们最不重要，却对他们的同伴最重要。我们还让他们写几句话，说明为什么这些价值观对他们的同伴很重要。然后，我们问他们受到同伴"威胁"的程度，以及他们认为同伴受到"威胁"的程度。那些自我肯定的人更有可能认为他们威胁到了同伴，因此，他们更有可能以高高在上的姿态来对待他们的同伴（"他嫉妒我的成功，所以我只能把我的成就最小化"）。相反，当人们肯定自己的同伴时，他们并不会受到威胁免疫偏差的影响，也不会（错误地）认为他们（凭借自己的才华和外表）威胁到了对方，而且他们的互动更具协作性。

使注意力集中在对方身上的一种方法是停止使用"我"这类词（如"我""我的"等），而使用"我们"这类词（如"我们""我们的""我们俩"等）。一项研究考察了在婚姻对话中使用这类人称代词与婚姻互动的情感基调以及整体婚姻满意度的关系。具体来说，154对中老年夫妇进行了15分钟的冲突对话，在此期间，研究人员持续监测了他们的生理和情绪行为。他们的对话记录被分为两个关键类别：（1）"我们"（"我们"类词），即关注于这对夫妻的代词；（2）分离类（"我/你"类词），即关注于个体的代词。"我们"类词用得多的人具有很多理想的特质，包括心血管兴奋度较低以及情绪行为积极度高、消极度低；相反，"我/你"类词用得多的人具有更多的消极情绪行为和较低的婚姻满意度。

我的一位医生朋友莉斯与我分享了"我们"类对话对她婚姻的重要性。她在整个职业生涯中都在做家庭医生，还生了几个孩子。她的诊所很小，大部分患者都是老年人。这些年来，她的医疗事故保险费用和其他费用（如办公室租金和员工工资等）都急剧上升。但是，为了她挚爱的患者们，莉斯一直控制着费用。患者中的很多人找她看病已经40多年了。多年来，莉斯的丈夫乔治一直这样劝她："我希望你能放弃你的'爱好'，因为它不挣钱！""如果你这样下去，我们谁也不能退休了！"但对莉斯而言，给患者看病并不是为了赚钱；她真的很喜欢照顾她的患者，尤其是老人。

后来，莉斯收到了一份工作邀约，邀请她领导一个针对老年人的大规模健康项目（在美国的另一个州）。这个项目会有很大的影响力，但薪水还是很低。她认真地考虑了这份邀约。她的丈夫一开始说："这毫无意义！你还有六年就要退休了，这对我们存养老金没有任何帮助！"莉斯停顿了一下，然后说："我们从医学院就认识了。你知道，我在照顾老人的时候状态是最好的。对我来说，这不是钱的问题。请你试着站在我的角度来看这个机会。"乔治明白，他的确只把他们的职业与经济效用最大化联系在了一起。当乔治被要求从另一个角度看待莉斯的职业生涯——即追求她的使命时，情况开始好转了。莉斯接受了这个新职位，她确实觉得这是她的使命，而乔治也跟着她搬了家，开了一家私人咨询公司，并同意把自己的退休时间再推迟几年！

妙招 9

有意识地镜像对方的肢体语言

几年前，一些销售机构开始意识到，有些研究表明，当人们认为自己与他人步调一致时，他们会发展出更融洽的关系。一种直接发展融洽关系的方法是在身体上"镜像"另一个人，也就是说要以与对方类似的方式做动作。因此，销售人员被告知要"镜像"他们的顾客和客户。

如你所料，镜像是一门需要实践和技巧的微妙艺术。例如，你会发现，一些试图模仿对方的人似乎是在嘲笑和戏弄对方。我和一家大型医疗机构的一位采购主管聊过，他告诉我，他接触过的一位新销售代表似乎参加过一个关于镜像的速成班，这让这位销售代表看起来有些愚蠢，所以他把这位销售代表的业务交给了别人。

这是否意味着我们应该完全抛弃镜像的概念呢？绝对不是。我们只需要使用正确的方法。当我们与人互动时，我们通常不会有意识地觉察到自己的非语言行为，也许除了眼神交流以外。在面对面的互动中，为信任（以及最终获得双赢结果）铺平道路的一个最重要的行为就是镜像，或者说是用自己的肢体语言反映别人的肢体语言。这通常是自然发生的。

事实上，无数的商业书籍都鼓励想要晋升的管理者进行策略性行为模仿，也就是有意识地镜像谈话对象的肢体语言（有时也被称为模仿，但没有嘲弄的意思）。你猜怎么着？如果做得好，它似乎就非常有作用。例如，与不刻意镜像对手行为举止的谈判者相比，镜像对手行为举止的谈判者能获得更好的谈判结果，更有可能获得双赢的结果。此外，时机也相当重要。最重要的一点是，在沟通早期就要开始镜像过程。事实上，在沟通开始的前 10 分钟内就开始镜像的人比那些等到最后才行动的人更成功。这是因为当我们的谈话对象在行为上与我们一致时，我们会感到更多的信任。

重要的是，当在冲突的情境下使用镜像技巧时，关键是要镜像出积极的手势和姿势，而不是消极的手势和姿势。这意味着，如果对方双臂交叉，紧咬牙关，那么镜像这些可能就不太明智；相反，要关注对方积极的姿势或面部表情，再加以镜像。巧妙和真诚也很重要。

镜像不仅可以使我们与对方保持同步，而且能改变我们的态度。我经常告诉我的学生和客户，改变我们对某人或某物的感觉非常困难，而改变我们的行为实际上更容易。当我们调整自己的行为（如镜像或使用开放式的身体姿势等）时，我们的情绪和态度可能会随之发生变化。

之所以如此，是因为认知失调效应，即人们强烈地需要让自己的态度与行为保持一致，反之亦然。鉴于改变我们的态度往往很难，因此从小的行为改变开始会比较容易。当我非正式地指导汉娜时，我亲眼看见了这一点。汉娜是一位年轻的女性，她称自己正身处一段麻烦的关系中。她解释说，她想花更多的时间和她的丈夫大卫在一起，但大卫似乎不愿意为她留出更多的闲暇时间。大卫为新工作投入了大量时间，试图给人留下好印象。而且，即使汉娜能与大卫短暂地待一会儿，气氛也会变得越来越紧张，两人似乎话不投机。

这种循环需要被打破。于是，汉娜决定尝试在下一次谈话中关注一下自己的行为和肢体语言。首先，她在他们见面的地点做了一些小小的安排，这样她就不用坐在大卫的正对面，那会导致更多的对抗性互动，正如前文所述。当她注意到大卫向后倾斜的防御性姿势时，她靠过去说："我想充分利用我们今天短暂的时间。"汉娜摸着大卫交叉着的一只胳膊说："跟我说说你今天过得怎么样？你对这家公司有什么了解？"大卫稍微放松了一些，开始详细地讲述他的一天。他说他取得了一个很大的进展，汉娜建议庆祝一下，然后他们一起制订了晚上的计划。就这样，汉娜用一些小的行为改变开始缓和两人的关系。

我的一位同事使用了一种行为策略，试图阻止与一位咄咄逼人的同级同事发生冲突。这位同事在（公共）走廊里与她当面对峙，而且还提高了嗓门。她感到自己被拖入了争执，就走到一边，想象着他愤怒的话语从她的左肩飘过，这使她保持了镇定。对她而言，采用这种简单的行为策略比试图冷静下来或改变态度要容易得多。

本章小结

我们在本章中提出的一些人际关系妙招让我们对一些众所周知的常识产生了质疑。很多善意的关于人际关系的建议都专注于尽量减少冲突，但当我们这样做时，更有可能是把橙子切成两半，而不是找到最有效点。还有的建议要求我们对自己诚实并表达愤怒。然而，这两种策略都不是特别有用。

下次当你发现自己与朋友、爱人或邻居有意见分歧时，请抑制住想要减少或消除冲突的冲动，同时也要抵制对他们大发雷霆的诱惑；相反，你应当关注他们，并想想如何理解和采纳他们的观点。当你感到不信任时，你要有所怀疑；当你感到愤怒时，要集中注意力来表达你的失望；当你有疑问时，要告诉对方你正在努力寻找最有效点。不要简单地相信自己的直觉，而要使用那些已经被证明能够带来双赢结果的妙招。

Chapter Six Sweet Spot Hacks for the Workplace
第 6 章　职场中的最有效点

很多人在面对谈判和冲突时有"分裂型"人格，一种是他们在办公室里使用的性格特征，另一种是在家里使用的截然不同的性格特征。有时这是他们天生的性格特征，而在某些情况下，随着时间的推移，他们在某种环境中形成了一种特定的性格特征。这通常是为了适应他们的工作文化。

我们经常看到的一种性格特征是"硬如钉子"和"软如布丁"的混合体，这样的人在职场中具有对抗性，尤其是当企业文化鼓励强硬甚至冷酷的时候，但他们在家中却非常随和。以年轻的业务经理韦斯为例。当韦斯加入他的公司时，高级领导小组正在实验一种冲突应对模式，要求人们直言不讳地说出自己的观点，即使提出反对意见也不必道歉。高级领导小组认为，直截了当的对抗最终会更有效，并给出基于证据的最佳解决方案。韦斯很快意识到，要想在新公司受到重视，他就必须比以前更加积极进取。矛盾的是，在个人生活方面，韦斯自称是典型的中年儿童，他像圣人一样宽宏大量，尽最大努力保持平静，尽量不招惹是非。所以，韦斯不得不竭尽全力在办公室中展现出自己更具进攻性的一面。

我们也看到了相反应对的模式：在职场中随和恭顺的人在家庭中却过于争强好胜。例如，莫妮卡向我描述了她在一家非营利组织中的角色。该组织中有着过于客套的非明文规范，这是有问题的。在担任公司律师20年后，莫妮卡早已不知何为客套。即使在家中，莫妮卡也自认为是一个骄傲的"虎妈"。她鼓励家人做大事，充分表达自己，而不仅仅是保持和平而已。莫妮卡毫不留情的风格在这个非营利组织中引发了很多纷争，同事们经常提醒她："我们来到这里是因为我们相信使命。"但对莫妮卡而言，这似乎只是表现不佳的借口而已。

当我们工作环境中的冲突应对准则与家庭中的冲突应对准则几乎完全相反时，我们就需要在硬如钉子和软如布丁这两个极端之间切换。韦斯和莫妮卡的例子表明，这种行为转换并不容易。而且，两种冲突应对模式都不是特别有效。

在本书中，我们鼓励人们在家庭和工作中保持一致的冲突应对模式，这有助于达成互惠互利、高回报的最有效点解决方案。但是，人们通常很难想象这样一种双赢的冲突应对模式会是什么样子。原因是，我们很多人都对故事、神话以及电视和其他媒体长期持有的冲突观念深信不疑，但这些观点往往都很极端，会阻碍我们在工作和人际关系中找到最有效点。因此，有必要揭露错误的观点，以帮助我们认清并消除它们。下面我们将对错误的观点进行探讨，同时提供有效谈判的妙招。

战斗还是逃跑

最常见的两种冲突应对模式是上述的"硬如钉子"和"软如布

丁"。咄咄逼人、态度强硬的谈判者会冲进拳击台准备战斗；而被动、态度温和的谈判者往往会妥协，寻求一条轻松的退路。问题是很多人错误地认为他们必须在超级强硬和超级软弱之间做出选择。这会导致糟糕的结果，因为这两种模式都不理想：硬如钉子的谈判者往往会一路埋下怨恨，通常会引发代价高昂且不断升级的冲突；软如布丁的妥协者会做出关系上的牺牲，最终走上阿比林之旅或者去他们最不喜欢的度假地点。

你可能会问：有什么解决方案吗？我们应该在"好战分子"和"奶油布丁"之间找到一个平衡点吗？当然不是，因为走中间路线必然会导致平分橙子的结果。有效的谈判者需要做两件事：第一，也是最重要的，找出在谈判时双方的共同目标是什么——是什么使我们保持一致；第二，确定差异所在以及如何利用它们。因此，最有效的方式是突出差异，甚至放大差异，并以利用差异为目标。

我们经常看到一些人对共同目标视而不见。硬如钉子的谈判者就是这样的人，他们认为"我们的意见完全不一致"或"我们道不同不相为谋"。相比之下，"奶油布丁"们从一开始就不愿意承认任何不同。他们过分专注于寻找达成一致的方面，最终没有任何分歧可以利用。从这个意义上说，就像我们的老朋友——分橙子的姐妹俩，她们从来没有意识到一个想要果汁，另一个想要果皮，结果双方都错失了宝贵的机会。

因此，我们比较两种冲突应对模式的意义不是为了寻求极端或中庸之道，而是为了让你能够有效地识别和利用差异。例如，当Facebook首席执行官马克·扎克伯格（Mark Zuckerberg）向谷歌副总裁谢丽尔·桑德伯格（Sheryl Sandberg）开出极其丰厚的条件，邀请她加入 Facebook 并担任首席运营官时，谢丽尔差点儿当场就接受邀请了。但她停了下来，在接下来的谈话中，她解释说："这将是您和我唯一一次坐在谈判桌的对面。"她的意思是，她将为 Facebook 谈判巨额交易，并为 Facebook 培训谈判团队。接下来，她开始陈述自己想从这个角色/这笔交易中得到什么。你可能会问："'橙子'在哪里？"扎克伯格需要一位像桑德伯格那样高效干练的首席运营官，与从司法部到收购目标的所有人打交道，同时培训公司内部人员；而桑德伯格希望通过谈判达成一笔她将为之自豪多年的交易。由于桑德伯格有效地利用了差异，因此双方都各得所需。

在职场中实现双赢的谈判妙招

职场中的谈判通常包括与同行和同事的合作（内部谈判），以及与外部（如顾客、客户、供应商、厂商和收购目标）的合作（外部谈判）。大多数人都认为外部谈判比与同事谈判更具挑战性，也更容易，因为外部谈判通常有脚本、流程或协议可以遵循。而且，由于谈判各方不会一起共事，因此报复或获得回报的风险更小。重要的是，你要了解每种谈判的确切性质，以更有效地应对。

举个例子。杰伊是一位商业空间设计师，他的大部分合同都是通过竞标获得的。从表面上看，招标过程极具竞争性，因为一家公司实际上是让多个投标人相互竞争，而只会从中选择一个。有一次，杰伊与其他几位设计师一起向一家房地产开发商递交了标书。当我见到杰伊时，我问他："你认为开发商是不是想把这次招标变成一场价格战，让出价最低的人胜出？"杰伊说："不。房地产开发商不希望展开价格战，因为它们关心的是质量和创新。"因此，杰伊认为整个过程并不是一种严格的竞争，而是一种创造性的挑战。事实上，在这个例子中，房地产开发商邀请了四家不同的设计公司（包括杰伊的公司在内），以固定的价格提交设计。开发商想看看每家设计公司在给定的价格下能做些什么。因此，正如杰伊所说，竞争的焦点是创新，而不是价格。

现在可以肯定的是，很多招标几乎完全基于价格，它们确实鼓励投标者相互竞争。这基本上等于给定价格。但是，在大多数招标中，除了价格之外，还有一些关键问题，如时间表、工作范围等。通过了解这些其他因素，通常可以找到一个最有效点解决方案，而不是采取价格万能的方法。

有脚本与没有脚本

上述杰伊的投标是一个脚本式谈判的例子。买车或卖房也是按照脚本进行的谈判，这意味着这些谈判涉及规范、角色、协议和形式。脚本提供了一种机制，各方可以通过这种机制谈判，而不必为强硬而道歉。

但是，很多内部冲突或同事之间的冲突通常都没有脚本。职场中的冲突升级为愤怒的威胁可能将导致持续多年的痛苦情绪，所有人可能都将在一个充满敌意的气氛中工作。例如，在一个大型组织中，两个人之间发生了一次特别情绪化的激烈争执。争执的核心问题是一项重大贡献应归功于谁。在这种情况下，双方都试图通过让其所属部门的其他成员站队来建立联盟。很快，战线就划好了，同事们却发现很难保持中立或者置身事外，因为每一个行动似乎都会让争执双方中的一方获益。经过很长一段时间，在一位专业调解人的帮助下，冲突得到了解决。最终，其中一位主角离开了这个组织。但是，这场争执带来的痛苦情绪在此后很长一段时间里都影响着该组织的气氛。

当我们没有脚本时，就像很多内部谈判一样，谈判者可能会对该做什么或不该做什么有完全不同的想法。而且，他们不能轻易离开谈判桌，因为他们处于长期关系中，这意味着他们之间存在过往，未来有可能还有互动。此外，当涉及同事时，社交风险和声誉风险要高得多。一句话：缺乏脚本和关系风险让与同事的谈判变得特别危险。

我们发现，在没有脚本的情况下，职场中的人们要么会采取硬如钉子的方式，要么会采取软如布丁的方式稳妥行事。如前所述，这两种冲突应对模式都是无效的。

大多数关于谈判的商业书籍都聚焦于外部谈判，如供应商与客户或采购与销售的谈判。事实上，与我共过事的大多数经理和高管都觉得在公司外谈判要比在公司内谈判舒服得多。所以，我们需要一个妙招来应对职场中的谈判，因为这种谈判经常出现，它没有脚本、协议或竞标机制，却对我们的生活质量有很深远的影响。

以下我将介绍职场谈判的13个妙招。

妙招 1

在进入实质内容之前就过程达成一致

我与一家国际专业服务公司有过一次合作,合作的目标是鼓励跨地区和跨业务线更多地达成一致和分享最佳实践。虽然所有人都在同一家公司工作,但每个办公室实际上都是以自己为利润中心运营的,因此几乎没有什么动机来分享业务。我对公司中两个团队的关系很感兴趣,它们分别是 X 和 Y。X 和 Y 之间有很多过往,因为它们代表着不同的部门和区域;然而,包括监管变化和供应商关系在内的几个因素让它们走到了一起。问题是,它们能否放下战斗之剑来尝试合作呢?更棘手的是,两个团队的领导也有过过往,而且他们都是习惯于控制局势的阿尔法型人。

作为公司培训活动的一部分,我安排了一次角色扮演模拟,模拟与公司部门间的情况非常相似(涉及一家公司内两个不同的业务部门)。在模拟和现实生活中,要在竞争环境中有所成绩,就需要他们暂时忘记那些针尖对麦芒的过往。为了做好准备,我把经理们分成了几个小组(反映了他们实际的工作关系),并给每个小组发了一份简报,安排了一个固定的时间(大约 75 分钟)用于谈判。我为每个小组分配了一个单独的房间,期望他们在 75 分钟后能在一些条款上达成理想的共识。当然。我使用的场景有一个隐藏的最有效点(像大多数此类模拟一样),但对业务经理而言,这个最有效点至少在表面上是不明显的。

75 分钟马上就要到了,几组人挤在走廊里,双臂交叉——这是典型的最后一刻的谈判情形。然而,有一组人却不见踪影。他们在哪里?就在最后期限前一分钟,"失踪"的小组带着一份打印好的提案回来了。他们把提案塞到对方手中,郑重而明确地说:"要么接受,要么拉倒。"

事实证明,他们的策略是根本不与对方进行任何对话,只是在最后一刻发出最后通牒。这就像是一场胆小鬼的游戏。由于知道无法达成一致的后果对双方都是灾难性的,因此接受提案的一方勉强同意了最后通牒(大概是为了防止所有人都跌落悬崖)。然而,他们公开发誓说:"我们永远不会忘记这件事,一定会报复。"

这说明了什么?在缺乏谈判过程或脚本的情况下,人们通常会避免谈判。人们都要么进入战斗模式,要么以其他方式侮辱对方。在上述情况中,人们没有脚本,他们从(针尖对麦芒的)过往中寻找线索,担心遇到最糟糕的情况,并默认进入博弈模式。"我们应该怎么办,教授?"心怀不满的接收方问道,"那些家伙不见了,我们在这里等了75分钟,等他们出现!"

当职场中的冲突恶化并失去控制时,并不一定是因为双方对实质性问题存在分歧,而是因为他们不知不觉中通过自己的行为和举止在进行互相侮辱。例如,他们会说:"我不喜欢他们跟我们说话的方式。""他们为什么敢走过来发号施令?""你看到他们翻白眼的样子了吗?"遗憾的是,这些谈判往往在正式开始之前就结束了。我们需要一个妙招!

解决的办法是在进入谈判的实质内容之前就过程达成一致。

谈判双方可能无法就实质问题达成一致，但是如果他们能就过程达成一致，那就是一个良好的开端。让我来举一个例子。谈判的一方——显然是一位经验丰富的专业人士，他无疑在过去的谈判中遇到过一些关于过程的问题——在讨论实质内容之前专注于过程，漂亮地发起了一场复杂的内部多方谈判："这对我们所有人来说都是一个复杂的商业问题。目前，我们对这个问题有很多强烈的感觉和情绪，因为我们还没有达成一致。在我们开始解决这些问题之前，我想知道我们是否可以先花10分钟来讨论一下如何最好地利用我们的时间。在这10分钟里，让我们暂时抛开业务和财务问题，想想如何能最好地进行下周的谈判。如果想要使用什么基本规则或规范，我完全接受。最终，我们的目标是解决这个问题并向前进。"

对方团队集体松了一口气。在接下来的10分钟里，两个团队讨论了如何在正式会议时利用时间。有几次，另一个团队开始解释他们的立场，讨论起了业务问题。作为主持人，我谨慎地介入，温和地提醒他们说："你们已经同意了，这只是一个'过程讨论'。"然后，建议讨论过程的经理提出了几个具体的过程选项："我们可以进行头脑风暴，列出问题清单（稍后讨论），也可以各自创建问题清单，再分享给大家。"另一个团队说："我们能把谈判没包含的事项列个清单吗？""当然，但我们要统一的是，目前我们只是提出建议，而不表明赞同还是反对某个建议。"这位经理补充说。最后，他们花了30分钟讨论了下周的谈判如何进行，布置了几项作业，并商定了谈判的时间和地点。一方补充说，希望每个人都同意在谈判之前不要向任何人提及此次谈判，也不要向任何人发送电子邮件。大家都同意了。

到了下周进行实际的谈判时，气氛非常融洽，集体信任度很高，大家都感到很放松。双方进行了极富建设性的讨论，最终达成了最有效点协议。由于提前就过程进行了讨论并达成了共识，所以谈判很顺利。双方都是这个过程的制定者，这为寻找最有效点解决方案铺平了道路。

妙招 2

不要面无表情

在商界，几乎所有人都被告诫，要尽可能少地向对方透露信息。这基本上相当于保持喜怒不形于色，不透露你的兴趣、痛点、真正的目标和情绪。我们认为，如果透露这些信息，对手就会利用你。聪明的做法是，保持面无表情，以防止这种情况的发生。

作为一名谈判研究人员，我不断从我采访过的那些经验丰富的商界人士那里听到这种建议。例如，在我写论文期间，我问过几位高管，他们在商务谈判中应该透露，而不是隐瞒哪些信息。"不要透露任何信息。"他们中的大多数人都直截了当地说。有一个人甚至摇着头说："难道你没听过'保持面无表情'这种说法吗？"

我一直在想，如果两个都使用面无表情策略的人坐在谈判桌对面，事情将如何发展？谁先开口？会有人说点什么吗？幸运的是，我有机会目睹和听说在这些不露声色的谈判中，有多少是以神秘的、有时甚至是彻头彻尾的滑稽方式进行的。

例如，我班上的一位高管学员讲述了一场涉及项目预算的复杂谈判。对方是他的一位同事，她对这个项目有自己的一套优先次序。他们在人数和时间等问题上意见不一致。这是一个矩阵组织，有复杂的报告关系。

因为谈判内容涉及多个问题，我怀疑可能有一个双赢的机会潜伏在表面之下，但它可能不是很明显，因为双方都严密地保护着自己的信息、价值驱动因素和痛点。双方都希望对方先摊牌。然而，双方都坚持面无表情，这导致了一种可笑的局面。坐在桌旁的双方都试图诱使对方先透露些什么。双方都不愿被对方抓到把柄，所以谈话变得越来越奇怪，经常谈一些完全超出范围的话题。例如，一方说："你们觉得新CEO怎么样？""很好，"另一方回答，"你们从这次大重组中恢复过来了吗？"两人都绷着脸，不露声色。这场谈判最终没有完成，地区副总裁不得不介入。可以肯定的是，这并没有给双方带来最好的结果。这就是面无表情策略的直接结果！

我对这种"你先来"的悖论如此着迷，以至于我在自己的论文中加入了一项研究。在这项研究中，我强迫人们亮出底牌，因为我想知道透露信息是否真的会让谈判者处于弱势地位。我再一次使用了一个商业案例场景，在这个场景中，两组商务人士似乎在商业交易（包括价格、数量、服务等）方面有着截然相反的利益，但这种情况实际上包含了一个有可能实现真正获利的双赢交易，或者说是一个最有效点。在实际谈判过程中，我还仔细衡量了人们对于"馅饼"的看法。

但我加入了一点小花样。我随机地让其中一位参与者在谈判开始前五分钟透露了两条信息：他们对所涉及业务问题的排序，以及他们最期望对这些问题设定的一组条款。我记录了他们的互动（得到了他们的允许），以查看透露信息的人是否会被对方利用。

结果如何？不仅透露信息的人没有被利用，而且谈判双方都创造了比对照组更好的交易（即更多的最有效点一致）！在对照组中，我只是告诉两组商务人士要进行谈判，做他们想做的事，说他们想说的话。只有大约7%的人问了寻找价值的问题。大多数时候，他们只是提出要求。我的结论是：那些透露了关于价值驱动因素的重要信息，并对问题进行了排序的人，比那些任由摆布的人创造了更多的最有效点交易。

我又在另一种情况下进行了研究。在这种情况下，一些人会向对方提问（如"什么对你最重要"）。我再次发现，这些谈判者创造了比对照组更好的交易。尽管我尽力了，但我还没有发现任何证据可以表明，透露价值驱动因素或痛点会让谈判者面临风险。所以，这与使用"我先来"策略有关！而且，提出"什么对你最重要"这个简单的问题可以很自然地展开谈话。这不是权力之举，而是关系之举。音乐经纪人特洛伊·卡特（Troy Carter）在获得自己的客户Lady Gaga之前实际上已经破产了。他成功的关键在于他建立人际关系的、换位思考和弄清楚当事人到底想要什么的能力。当卡特第一次遇到史蒂芬妮·杰曼诺塔（Stefani Germanotta）①时，她还是一位不知名的艺术家，刚被德弗·詹姆唱片公司（Def Jam Records）解聘，而卡特本人也刚刚失去他最大的客户伊芙·杰弗斯（Eve Jeffers），所以他们两个当时都穷困潦倒。见到杰曼诺塔并听了她的音乐后，卡特很感兴趣，

---

① Lady Gaga的真实姓名。

因为她表达了自己想改变游戏（音乐）的愿望。这让卡特有了一个想法，但是由于他们都陷入了音乐行业的困境，因此卡特想出了一个避开传统模式、避开传统唱片公司掌权者的方法：他倾注精力为Lady Gaga在同性恋俱乐部和时尚活动上预订演唱会，并使用包括Twitter、Facebook和YouTube等在内的社交媒体应用程序，让Lady Gaga的粉丝们能在网上找到并分享她的音乐，进而绕过传统的音乐发行方式。卡特和Lady Gaga正是在相互吐露心声的过程中找到了利润惊人的"橙子"。在卡特的指引下，Lady Gaga从表演艺术家成为流行歌手，再成为全球知名音乐人，这正是她所说的自己想要的。

到目前为止，很明显，要想找到双赢的可能性，需要涉及不止一个问题（或争论点）。如果谈判只是涉及一个一次性现金价格，那么我们就使用固定金额。遗憾的是，生活中的很多谈判似乎都是关于价格的，如买房、买车、谈薪水。就连我们的老朋友——分橙子的姐妹俩也（错误地）认为她们的谈判只是为了一个橙子，导致她们被误导为一人分一半了。

在现实世界中，大多数人都不是对橙子，而是对价格趋之若鹜。卖家想要高价，而买家想要低价，就是这样。那该怎么办呢？答案是：找到或加入另一个问题。例如，如果付款方式或付款条件也可以协商，那么我们就很有可能将这种固定金额的情况转变为双赢。

举个例子。当达美航空（Delta Air Lines）公司与加拿大飞机制造商庞巴迪（Bombardier）公司就购买75架CS100客机达成56亿美元的协议时，这对达美航空公司和庞巴迪公司而言都是双赢的。为什么？因为达美航空公司一直致力于解决飞机老化的问题，而庞巴迪公司的研发出现了严重的问题。这场双赢谈判的关键是价格和时机。由于达美航空公司拥有业内最古老的机队之一，他们看到了以大幅折扣升级飞机的机会。作为回报，庞巴迪公司获得了一个大客户，而且该客户已经同意尽快完成交易，这使其能够解决研发问题，并向其他潜在客户发出信号：其研发问题已经解决了。

还有一个例子。从 2013 年 12 月起，全美冰球联盟（National Hockey League）的老板和球员卷入了一场长达 112 天的罢工，争论的焦点是球员工会与联盟老板如何构建一份新的为期 10 年的集体谈判协议。在这场富有挑战性的谈判进行到中途时，出现了一个新的问题，那就是限制一位老球员在下一年的工资可以减少多少。由于双方都做出了让步，因此人们又可以打冰球了。所有这些例子都清楚地表明，愿意提供一些信息，如关键问题、偏好、新条款等，将比喜怒不形于色带来更好的结果。

妙招 3

找到对方最关心的问题

有时，商务人士们会陷入困境。他们已经把谈判内容分成了多个有意义的部分，并对问题进行了优先排序，但谈判似乎仍然在兜圈子。他们需要一些东西来推进谈判，而且需要一种有效的方法来实现最有效点交易（如果存在的话）。那么在这种情况下，他们可以使用什么策略呢？

甜品盘法是我个人最喜欢的方法之一，可能是因为我用过很多次了，而且它总是能打破僵局。我以学员特洛伊遇到的情况为例。作为公司的销售和运营总监，特洛伊与客户就包机交易进行谈判。此时，特洛伊正在与一位非常重要的客户打交道，那是一家代理了几个大学体育项目的大组织。所以，他关心的是留住他们的生意。

谈判中涉及几个问题，包括价格折扣、飞机类型、日程安排和聚会规模。遗憾的是，客户对所有这些问题都采取了强硬态度，甚至一度威胁要寻找其他公司。那是特洛伊最不愿意看到的事，因为他承受不起与竞争对手的竞价战。因此，对特洛伊而言，关键是要弄清楚客户在不同问题上最重要的优先事项。那就试试甜品盘妙招吧！它可以帮助你找出对方不愿意提供的价值驱动因素。

甜品盘妙招的关键是找到尽可能多有价值的问题，也就是可变动的部分。特洛伊运用头脑风暴法确定了除价格之外的五个关键问题：飞机类型、日程安排、聚会规模、便利设施和未来预订。接下来，特洛伊创建了这些问题的几种组合，这些组合对他来说具有同等合意性。这就是甜品盘方法的秘密：你必须创造出你认为同样有价值的组合。特洛伊将不同的组合称为选项 A、选项 B 和选项 C 等，然后将它们呈现给客户，请客户按照从最好到最差的选项排序。特洛伊很谨慎，没有问客户这些选项是否可以接受，而是只要求排序。客户将其中两个选项列为最佳，所以特洛伊很快就找到了这位棘手客户的实际价值驱动因素。因此，特洛伊知道这些特定的组合比其他组合更能代表最有效点。

接下来，特洛伊研究了客户的首选选项，这使他能够很好地猜测出客户最关心的问题，即日程安排和聚会规模。因此，即使客户没有直接与他就最优先事项沟通，但特洛伊能够运用甜品盘妙招，通过逆向工程推断出这些偏好。

最终,通过使用甜点盘法,特洛伊成功地避免了卷入与其他竞争对手的竞价战,并进行了一笔不仅对客户最好,而且对其公司也很有价值的交易。那是一笔最有效点交易!

妙招 4

在达成交易的基础上寻找更好的解决方案

我父母最喜欢的电视节目是《神探科伦坡》(Columbo)。我先为那些没看过这个节目(或者还没出生)的人介绍一下,该片由演员彼得·福克(Peter Falk)主演,他饰演的是一个笨手笨脚却有点烦人的顽固的警察中尉。当他与嫌疑人面对面时,他会问一系列似乎很容易回答的问题,然后,当他要走开的时候,他又会停下来,转过身来说:"哦,还有一件事……"(或者有时他会说:"我还有一个问题。")这会让嫌疑人感到很沮丧,因为他以为自己就要逃脱谋杀罪了,而科伦坡中尉会慢慢地"接近"嫌疑人,最终把他逼到墙角。现在,你可能想知道如何将这种再问一个问题的方法应用于双赢谈判。

我以我的高管班课程为例来解释一下。在一节课上,我给了我的学生们一个小时的时间来谈判一笔涉及多个问题的复杂交易。他们中的大多数人都能达成一致,但当我观察他们的表现时,我发现他们并没有实现最优化,只有一个团队找到了最有效点,大多数人都满足于那些容易实现的目标。他们都以为我要去喝杯咖啡休息一下,这时我转过身并对他们说:"哦,还有一件事……我们现在不休息了。"他们很恼火,就像《神探科伦坡》中的嫌疑人一样。然后我说:"我希望大家都回到谈判桌上,看看你们能否达成一笔令双方更满意的交易,而不是你们已经达成一致的交易。"这个要求引起了更大的混乱,他们说:"教授,这是要重新谈判吗?再来一次?""不,"我解释道,"你们已经有了一笔有效的交易。现在,我想看看你们能否共同对它加以改进。如果做不到,那你们就可以接受目前的交易。"

一开始,大多数人都很困惑:"我们已经达成交易了,为什么要改呢?"我回答说:"你们就听我的吧!"他们不情愿地回到会议室,坐回椅子上,开始了讨论。不到30分钟,每个小组都达成了一系列对各方都更有利的新条款!那个已经实现最优化的小组抱歉地告诉我,这个练习是在浪费时间,并说不管怎样,他们现在都要去喝杯咖啡休息一下了!

我所说的科伦坡法是一种策略,它的正式名称是协议后协议(post-settlement settlement)。其理念是,一旦谈判者达成交易,他们就应该在此基础上努力相互改进。然而,关键是任何一方都没有否决权。这种方法实质上是在鼓励双方关心对方的利益,因为甲方唯一可以改进的方式就是帮助乙方,反之亦然。

关于交易完成后的交易(after-the-deal deal)有一个很好的例子。迈克是我以前的一位高管学员,当他从一位企业家手中收购了一家位于新泽西的公司时,他是这样做的。迈克与这位企业家达成了一项正式签署的协议。然而,在整个谈判过程中,迈克发现这位企业家非常犹豫,尽管每份电子表格都显示出他通过向迈克出售(要比不出售)公司更赚钱。这告诉迈克,他的犹豫不是因为钱。在谈判结束后一起喝咖啡时,这位企业家叹了口气说:"现在我得想办法告诉迈阿密的那个家伙，他再也没有工作了。"迈阿密的那个家伙再也没有工作了的原因是，迈克有一个"严格禁止远程工作"的规定。于是，迈克试探着说："我把我不需要或不想要的客户转给你在迈阿密的项目经理如何？"这位企业家非常激动，因为这意味着他将交给迈阿密的那个家伙一笔新业务，而不是一张解雇通知书！更妙的是，这位企业家降低了他的要价，因为迈克将不会从这些客户那里获得收入。最终，这成了一笔真正的最有效点交易，因为企业家觉得他在迈克（买家）不感兴趣的一个方面对得起他的朋友／员工。他们起草了一份新的正式协议，而且比起第一份协议，双方都更喜欢这份。

科伦坡方法之所以有效，是不是因为给予了人们额外的时间来进行交易呢？答案是否定的。我们做了一个简单的研究，给第一组一小时的谈判时间，给第二组两小时的谈判时间，给第三组一小时加30分钟的和解时间。第一组和第二组没有明显的差异，两组基本上都很满意。然而，将谈判分为两部分的第三组，即1号交易和在1号交易的基础上进行了改进的交易，他们制定的交易比其他人的交易更能带来翻天覆地的变化。他们中的大多数人都找到了最有效点，或者非常接近最有效点。所以，这个妙招揭示的是，重要的不是你有多少时间来谈判，而是你如何利用你的时间。

妙招 5

休戚与共

由于谈判各方无法就某些事件或情况达成一致，谈判经常会陷入僵局，停滞不前。他们坚定不移地坚持自己的世界观，并试图教育和启发他们的同事（或配偶）："这就是为什么我是对的！"然而，这种说服"妙招"通常只会使被说服对象更加坚持自己的观点。分歧会演变成不信任甚至蔑视。有什么方法能让人们摆脱这好似泥沼般的困境吗？

是的！我最喜欢的策略之一就是我称之为休戚与共的方法。我想这是因为我喜欢搏一搏，也因为我有点固执。让我用我过去的经历来解释一下这是怎么回事。当时，我正在和我的一个客户就培训课程谈判。我和他曾有长期的合作关系，并想保持下去，但他一直在逼我给他大幅降价，这个价格甚至比我给其他客户报价的一半还要低。这给我带来了一个问题：我的客户利用我们的长期关系作为讨价还价的工具。"嘿，看看我们认识多久了。"他恳求道。他向我保证，更低的价格将给我带来更多的生意。坦率地说，我并不确定会不会这样，尤其是因为我知道他的公司正在削减预算。我们双方都提出了各自的观点，同时一直试图用"外交辞令"表达："我认为你错了。"事实是，我坚信看衰未来，而他则坚信看好未来。既然没有时光机，我们该怎么办呢？

我们的解决方案是休戚与共。具体做法是，我们制定了一个简单的应急条款，规定我将在当前的培训课程上给他（大幅）价格折扣，但前提是他的公司还将有一组人员在六个月内参加一次我的培训课程；如果没有，他也要全额支付课程费用。我们在结束谈判时都觉得自己赢了，也就是说，我们都认为找到了最有效点。事实上，我们中只有一个人是正确的，但重要的是我们能够发表我们不同的看法。事实证明，我"赢了"赌注，因为没有人在这六个月内参加培训课程。

现在看,尽管我"赢了"赌注,但就算我没有赢,我仍会对结果感到满意(甚至激动)。这是找到最有效点的关键益处。

妙招 6

知己知彼

某年春天,当我经过公司大堂时,我看到一个涨红了脸的男人在打电话。我认出他是我班上的一位学员,名字叫亚伯。很明显,他遇到了一些事情。他翻着白眼,指着自己的手机对我说:"我可能要迟到一会儿,我的生意伙伴要把我逼疯了。"

第一次课间休息结束时,亚伯走进了教室,并告诉我了一些(残酷的)细节:他试图摆脱一位糟糕的生意伙伴,用他的话说,这位生意伙伴很不讲理,甚至扬言要请(大牌)律师。

尽管亚伯可能一直在寻求共情或他人的同情,但我还是立即对此开始了专业的分析。我问他:"你的关注点是什么?在这次收购中,你关注的是什么?"

我和亚伯一起走到教室的大黑板前,在上面画上了三列。我们在第一列写出了所有存在利害关系的事项。亚伯列举了几个财务问题,以及他的职业声誉、个人时间和压力水平。在第二列,我让亚伯指出对每一个存在利害关系的问题而言,可能出现的最好的结果是什么。我还让他看看整个列表,并使用简单的 1 到 5 的等级,对他的关注点进行从"最重要"到"中等重要"再到"不太重要"的排序。然后,我们在第三列写出了亚伯的生意伙伴。"这个家伙,他是个大混蛋!"

亚伯说。"好吧，"我说，"我们先把这个放在一边。如果那个'大混蛋'在这里，请你告诉我他会跟我说他想要什么，为什么他想要。"然后，我让亚伯猜猜"大混蛋"的排序。我又问亚伯，他的生意伙伴（如果他和我们在一起）是否还有其他因素或问题想要填入第一列，他写了一些。

经过30分钟肩并肩的工作，我们制作了一份立场和利益图表，列出了其中涉及的关键问题，如现金收购、现有员工、现有设备和技术、房屋租赁、职业声誉、时间和压力等。我们承认，亚伯可能没有涵盖所有的问题。我们也意识到，至少根据亚伯的估计，有些问题对他而言似乎比对"大混蛋"更重要。

第二天，亚伯很早就来上课了，脸上还带着灿烂的笑容。他刚和那个"大混蛋"（现在被他称为西蒙）通完电话。亚伯与西蒙分享了立场和利益图表。亚伯要求西蒙纠正他对问题的理解，并对自己的排序发表评论。亚伯还告诉西蒙，他根本没有试图谈判，而只是为了了解西蒙可能有的任何事实和意见。到午餐时，他们俩已经达成了初步协议。

妙招 7

让律师走人

有一次，我和一家大公司就一份复杂的合同进行谈判。我根本不是合同律师，为了试图弄懂他们采购人员前一天发给我的那份27页的样板合同，我的眼睛都熬红了。一位同事建议我聘请一位律师，以确保我不会在这个过程中被"耍"。于是，我聘请了一位律师，他在合同上做了标记,并起草了一封措辞强硬的电子邮件让我发给这家公司,邮件中列出了我的担忧和要求。我的直觉是,这听起来不像是我说的话,但我还是把邮件发出去了。

现在回想起来,我真后悔当时我没有听从直觉。很快,我从这家大公司的反应就能发现,显然,他们也感觉出那不是我的风格。在我发出电子邮件和标注了红线的合同后,有三天时间没有任何动静。第四天早上,我收到了该公司发来的一封冗长的正式邮件(且抄送多人),这封邮件的措辞更加严厉,甚至还有威胁。天哪,我这是做了什么?很明显,这家公司有自己的律师,情况很快变得越来越棘手。我失败了吗?我没有听从自己的直觉——给该公司打个电话,或者要求和联系人坐下来谈一谈,而是请了律师。

在那一刻,我决定听从自己的直觉(晚做总比不做好),并试着做出一些调整。我打电话给这家公司的联系人,说我认为应该按下"重启键",先把合同放在一边,进行一次澄清问题的谈话可能是个好主意。我建议,看看我们是否能在原则上达成一致,但要有一个明确的认识,即在双方书面同意之前,任何事项都不具有法律约束力。我打了三四个电话,最终还是做到了。通过非约束性的对话,我们达成了一致。这次谈话使我们双方都能集思广益,而不必担心会受到书面条款的约束。

这次经历让我更加明白法律契约和心理契约的区别。法律契约是在法院强制执行的正式文件,通常包含很多(可怕的)语言,需要法律专业人士进行解释。心理契约(也称"握手"交易)是人们在信任和善意的基础上达成的一种理解。虽然心理契约在法庭上可能不像法律契约那样具有强制执行力，但当事人通常会将其视为法律契约。这就是心理契约作为一种强大的谈判工具的原因。所以，你要经常思考是否应该请律师走人，并选择心理契约而不是法律契约。

前一段时间，当我看到塔可钟（Taco Bell）公司和菲多利（Frito Lay）公司价值数百万美元的交易时，我回想起我与一些大公司采购团队的谈判。多力多滋墨西哥卷饼被很多人视为塔可钟公司历史上最成功的产品之一，它实现了超过4.5亿美元的净销售额，比前一年增长了14%。有趣的是，当多力多滋和塔可钟的CEO会面时，他们根本没有请律师，也没有写合同。他们进行了一次只握手的交易，并同意只有当他们中的任何一人被解雇或升职时，他们才会花心思去写一份合同。这是一笔数百万美元的握手交易！

在数百万美元的商业交易中，还有很多握手交易的例子。例如，当华特迪士尼公司（The Walt Disney Company）的CEO罗伯特·伊格尔（Robert Iger）和21世纪福克斯公司（Twenty-First Century Fox, Inc.）董事长鲁伯特·默多克（Rupert Murloch）探讨一笔合并交易时，他们就是边吃边喝，一对一地完成了交易。没有演示文稿，没有正式文件，也没有律师。两个月来，伊格尔和默多克只是私下会面，这使得两家公司的律师和那些多事的高管们都被拒之门外。两个月后，伊格尔和默多克手挽着手站在伦敦一座摩天大楼上，宣布了他们的交易计划。2019年5月，这笔交易最终敲定，华特迪士尼公司以713亿美元收购了鲁伯特·默多克旗下的21世纪福克斯公司的大部分股份。

妙招 **8**

以书面形式提出想法

我花了10多年的时间研究头脑风暴，旨在帮助公司和组织开展成功的头脑风暴。书面头脑风暴是头脑风暴的一种变体，甚至比头脑风暴更有效。那么，它们有什么区别呢？头脑风暴是一组人口头提出想法；而书面头脑风暴是一组人以书面形式提出想法。在典型的头脑风暴会议中，人们在提出想法时是不考虑想法的可行性或质量的，即使是荒谬或不切实际的想法也可能衍生出一个最终可行的想法。这听起来不错，对吧？问题是在进行头脑风暴时，任何时候都只有一个人在发言，而其他人通常必须听，这可能会导致他们没有思路。更糟糕的是，他们可能会害怕表达自己的想法，或者认为自己需要遵从别人的想法。

因此，书面头脑风暴是一种优雅的头脑风暴妙招。它包括以下三个步骤：（1）小组中的人各自以书面形式提出想法（他们想写多少就写多少）；（2）贴出所有书面想法让大家看，但绝不透露想法都是谁的，且任何人不能试图猜测谁说了什么；（3）小组中的每个人投票选出他们认为最可行和最有趣的想法。可以多次重复这个过程。那么，如何通过书面头脑风暴来解决职场冲突呢？举个例子。我班上的一位经理苔丝向我坦白说，她非常沮丧，她研究团队的成员（都是博士科学家）会不停地争吵，影响了每周的例会。苔丝一直疲于让这些科学家在研究重点和交付成果上达成一致。因此，我与她一起实施了三步骤的书面头脑风暴干预。在接下来的一次例会上，苔丝带着一个公文包走进了会议室，公文包里装满了数百张空白索引卡。第一步，苔丝让所有科学家写下研究团队的工作重点。她鼓励科学家们根据需要使用尽可能多的卡片,并提出多个目标。苔丝谨慎地制定了两条规则:禁止猜测和禁止坦白。这意味着一旦要贴出卡片,任何人都不应在卡片上签名或猜测那是谁的想法。第二步,苔丝将卡片贴在会议室的墙上,让所有成员来看。人们发现有些卡片的内容非常相似,所以苔丝将它们放在一起。第三步,苔丝给了每位团队成员五张便利贴,并指导他们投票确定他们认为最重要的五个优先事项,以进一步讨论和阐述。在几分钟内,大家就五个优先事项达成了一致。

然后,苔丝要求团队成员就每个优先事项制订计划,并在翻页挂图上进一步丰富计划的内容。每位成员只有大约15分钟的时间,之后,其他人可以用更多的便利贴提供反馈。

苔丝不断地重复个人想法(索引卡)、集体想法(翻页挂图)和反馈(便利贴)这个循环。在很短的时间内,团队就他们的研究目标达成了一致,而且随后的会议也更有成效了。书面头脑风暴的方法解决了苔丝的问题。

一种针对谈判的头脑风暴是设计研讨会。设计研讨会是一种非正式的研讨会,谈判中的关键利益相关者将通过头脑风暴讨论解决冲突挑战的互利方法。设计研讨会涉及非官方和官方利益相关者,会议将以个人而非官方的名义将人们聚集在一起。就像头脑风暴一样,设计研讨会并不是为了达成有约束力的协议,而是着重于产生想法。与书面头脑风暴一样,这是通过强调想法的匿名性来实现的。主持人要求关键利益相关者代表分享他们的利益,所有调查结果都被记录在一份评估报告中,且匿名回复。

妙招 9

匿名提出解决方案

我最喜欢的一项社会科学实验研究了人们在某种冲突情况下对解决方案的反应。这个冲突局势特别紧张，因为它涉及美国加利福尼亚州传统主义教育者与修正主义教育者之间的分歧。冲突的焦点是哪些书籍应该成为英语课程的核心。不足为奇的是，传统主义者更喜欢经典作品，如《麦克白》(*Macbeth*)、《伊利亚特》(*The Iliad*) 和《失乐园》(*Paradise Lost*) 等。而修正主义者更偏爱另外一些的书籍，这些书籍提出了更多样化的观点，如《达洛维夫人》(*Mrs. Dalloway*)、《女勇士》(*The Woman Warrior*) 和《土生子》(*Native Son*) 等。

这场激烈的辩论引起了强烈的反响，而且，公众的观点也发生了分歧。研究人员罗伯特·罗宾逊（Robert Robinson）和达彻尔·凯尔特纳（Dacher Keltner）想知道争论双方是否夸大了对方的观点，从而使他们找不到最有效点解决方案。因此，研究人员要求双方分别列出两份清单：一份清单是他们希望在英语课程中看到的书；另一份清单是他们认为对方想要的书。因此，双方（即传统主义者和修正主义者）都被要求预测对方想要什么书。然后，研究人员查看了两份列表，看是否有任何重叠。毫不奇怪，双方都假设他们没有共同的选择，而实际上，双方共有七本书是一样的，这大大超出了他们的认知。这项研究揭示了职场冲突的一个重要特点，即夸大分歧。

这是一个发人深省的例子，说明卷入冲突的各方往往对对方的利益有错误和夸大的看法。在冲突和谈判中，大多数人都认为他们存在的分歧要比实际存在的分歧多。此外，人们往往很快就会否定对方提出的建议："如果他们想要，那这对我们而言就不是好事。"这种立即否定对方的想法（"不可能，那不符合我的利益"）并放大实际冲突的倾向被称为反应性贬值（reactive devaluation）。我们可以将反应性贬值视为一种下意识的反应。有这种反应时，谈判双方甚至在听到对方的想法之前就互相拒绝了（"不管你提供什么，我都不想要"）。

那么我们该如何解决这个问题呢？以下这个妙招与书面头脑风暴相似，就是消除所谓的"作者"。例如，当提出想法的人使该想法看起来是自己一方的成员提出的时候，人们会更容易接受它！关键在于，人们往往只是根据想法的来源而非想法的实际内容而否定它。这就是为什么有效的调解人往往把解决方案作为自己的方案呈现给争论方，而这些解决方案实际上是由争论方之一或双方提出的。

就因为我们不喜欢信息传递者，很多冲突甚至在想法被提出之前就出现了。我们会认为，如果对方这样建议，那么显然这对我而言肯定不是好事。第一个证明这种效应的例子是在冷战时期，美国人对所谓的由本国外交官和顾问与苏联所提出的观点的反应。在一项研究中，320名美国人收到了50份关于如何结束冷战的不同提案，据说这些提案是由美国或苏联外交官提出的。事实上，每份提案都是随机分配的"作者"提出的。尽管如此，还是出现了一种强烈的贬低作者效应：人们对几乎每一份提案（50份提案中的46份提案）的态度都是由所谓的"作者"所驱动的，而不是提案本身的内容！此外，在6分制的喜爱程度量表中，支持度的差异高达4分，可见影响有多大！

贬低作者（又名杀死信使）效应的影响很大，它也会呈现在同一组织中的同事身上："好吧，如果销售团队喜欢它，那么它可能就不适合工程部。""如果公司团队赞同，那么这可能就对研发不利。"

我们要用到的妙招仍然是利用隐藏"作者"信息的冲突解决思路。事实上，这正是有经验的调解人解决冲突的方式。他们分别与争论双方谈话，收集解决冲突的想法，然后将这些想法呈现给另一方，同时让这些想法看起来像是调解人自己的想法。

鉴于我们大多数人都没有足够的资金（或时间）来聘请第三方调解人，因此我们需要一个妙招。在一次特别激烈和争论不断的公司内部谈判中，我使用了这个妙招的变体。公司的六个部门在几个问题上展开了争论。每当有人提出建议或解决方案时，其他人很快就会予以否决。

当冲突达到高潮时，我说："我想请每个人都写下一些解决方案，每个人至少写出四个。我的规则是，你们可以在每张索引卡上写一个想法，但不能署名。我不想知道这些想法都是谁的，我只想看看想法是什么。"事实上，我给出了标准的书面头脑风暴的指令。在接下来的 10 分钟里，房间里只能听到钢笔在我提供的索引卡片上划来划去的声音。我从当事人那里收集了 25 张卡片。为了防止有人做笔迹分析，我让所有人休息 20 分钟，然后快速地把卡片上的想法按随机顺序输入一张 Excel，并标记为 A、B、C 等。在他们回来后，我出示了 Excel，给每个人四张便利贴，并让他们投票支持四个想法。坦率地说，我没有办法执行"不要投票给自己"的规定，但他们似乎遵守了这个规定，因为在 15 分钟内，有七个想法的得票数都超过了三票。

接着，我们继续详细阐述这七个支持率最高的想法，将它们重新组合，然后对新版本进行了多次"秘密"投票。当这个过程结束时，我们有了一个大家都感到非常满意的解决方案。

妙招 10

"热－暖－冷"策略

我目睹过很多内部谈判都因为"不"这个词而失败。"不"会成为拦路虎有两个原因：（1）它是一个否定词，人们对其反应强烈；（2）也是更重要的一点，它不允许接收者学习任何东西。

在我的谈判研究中，我指导人们使用"热－暖－冷"策略，而不使用"是－否"策略。"热－暖－冷"策略的工作原理是这样的：一方提出几项提议（对他们而言都有同等价值），然后让另一方根据心仪程度对这些提议进行排序；参与者们同意将提议的可接受性问题放在一边，转而关注排序。

有一位肠胃科医生，我们暂且称他为胃医生，他使用热－暖－冷策略来制定他的私人诊所的发展战略。胃医生拥有当地市场上大约60%的结肠镜检查业务。当地第二大的诊所是由他的一位好朋友，也就是友医生经营的，他拥有市场上大约16%的结肠镜检查业务。一家大型医院拥有剩余的市场。当胃医生找到友医生商量合作事宜时，友医生很感兴趣，因为联合起来可以让他们获得当地超过75%的结肠镜检查业务。胃医生不希望在这次谈判中出现讨价还价的环节，否则"不"可能会成为拦路虎，或者更糟糕的是，可能会促使友医生与当地医院这个竞争对手合作。于是，当胃医生与友医生会面时，他提出了三个建议。

胃医生提出的每个建议对他本人而言都具有同等价值，这是关键所在。这个想法是为了鼓励友医生考虑这三个建议，并选择最适合他的一个，从而实现双赢。第一个建议是，友医生出售他诊所的股权，成为受薪雇员；第二个建议是，友医生将其股权并入胃医生诊所，但不做受薪雇员；第三个建议是，友医生将诊所出售给胃医生。最终，友医生选择了第一个建议。直到今天，这两位医生通过他们的联合诊所拥有当地市场上超过75%的结肠镜检查业务。

妙招 11

就部分问题达成临时协议

在很多商务场景中，交易的复杂性会使谈判陷入僵局，并促使各方聘请律师。当律师出现时，达成协议所需的时间往往令人望而生畏，而且代价高昂！同时，如果各方没有以有意义的方式向前推进，无法达成交易可能就会导致两败俱伤。

在这种情况下，"临时协议"这个妙招可以挽救局面。它是这样工作的：各方就一部分问题达成临时解决方案，但双方都清楚，这些条款只在双方商定的时间内有效。在这段时间之后，双方可以选择继续、扩大或终止临时协议。吉莱斯皮（Gillespie）和巴泽曼（Bazerman）称这种协议为"协议前协议"。

汤姆是一位医生，也是我以前的一位高管学员，这个妙招为他开启了一种可能性。汤姆在一个大学城里拥有一家私人诊所，在常规医疗程序中占有很大的市场份额。大型的大学医院在这种常规治疗中只占很小的比例，它们对购买新设备很感兴趣，因为它们的设备速度慢且效率低。当医院的首席运营官找到汤姆，想要购买他诊所的少数股份，并推迟购买所需设备时，汤姆并不打算出售诊所，但同意听取他们的报价。汤姆意识到这个过程需要长达数月的探索和尝试，并需要签署保密协议，他提议在此期间，医院将患者送到他的诊所，双方共享收入。汤姆意识到，这可以使医院推迟对设备的重大资本采购，同时使医院和他自己在过渡期间都能获得更多的收入。医院同意了这个提议。

妙招 12

使用广角心理镜头看问题

社会科学家发现，人们在交谈时往往喜欢相距约 2~3 英尺①。这个距离往往会引发具有争议性的互动，尤其是当双方感到愤怒或受到威胁的时候。事实上，正面面对障碍的谈判者往往会陷入困境，也不太可能创造出双赢的解决方案。那么，有什么妙招解决这个问题呢？在这种情况下，我们可以使用广角心理镜头，以获得三万英尺的视角而不是三英尺的视角。现在，让我们实际一点吧。当我们发现自己正在进行压力重重的面对面接触时，大多数人都无法真正地站在一个更高的位置。因此，这里的"广角"应该是精神上的。例如，在一项调查中，处于冲突情境中的人们被提示采用"长期"（如 10 年后）或

---

① 1 英尺 =0.3048 米。——译者注

"短期"（如下个月）的时间视角。每个人都处在同样的冲突情境中，但那些被提示采取长期视角的人更多地达成了最有效点一致。我认识一位高管，每当他感到困顿时，他就会仰望蓝天进行思考，以获得更广阔、更有帮助的视角。

另一位高级经理也向我讲述了她是如何使用这个妙招来解决专业客服团队中的冲突的。这场冲突是关于团队成员在与一位知名客户打交道时的角色分配。有位团队成员特别不喜欢他的任务，他认为这是一项技术含量较低的后勤工作，没能充分发挥他的全部技能。当团队领导与这位不满的团队成员坐下来时，领导指出，公司在接下来的12个月里将签下几位知名客户，团队成员（像他这样的）应优先考虑哪些客户最能从他们的技能中受益。通过拉远视角来审视客户组合，这位领导成功地将心存不满的团队成员的心态从沮丧转变为乐观。

这个妙招基于识解理论（construal theory），该理论认为当面对问题或挑战时，人们要么采用长焦心理镜头（拉近），要么采用广角心理镜头（拉远）。这些观点分别称为低水平识解和高水平识解。正如你可能猜测的那样，我们通常建议你采用拉远（广角镜头、高阶的识解）视角。因为当我们拉近放大视图时，我们无法看到整个画面！

这个妙招也适用于非面对面的情况。例如，在一项研究中，当人们与一个他们认为离得很远（几千英尺远）而不在附近（只有几英尺远）的人谈判时，他们达成了更多的最有效点协议。为什么？当我们相信自己离某人或某物很远时，就更有可能全面地看清情况，而不是陷入细节中。事实上，当人们的心理距离较近而不是较远时，他们更倾向于关注次要特征（问题）而不是主要特征（利益）。通过增加心理距离，人们更容易看到森林中的最有效点，从而避免一叶障目。

研究人员伊丽莎白·曼尼克斯（Elizabeth Mannix）及其同事怀疑，当人们采取广角或从长远角度看问题时，处于长期关系中的人们会创造出更多的最有效点。为了验证这一点，曼尼克斯研究了静态谈判期内达成的协议和动态谈判期达成的协议（或通过几次谈判达成的协议）。他们认为，当人们把目光放长远时，他们可以达成更具创造性的双赢协议。研究人员创建了一个模拟，允许在每个静态谈判中达成一个适度有利的整合（最有效点）协议，以及在整个谈判中达成一个更高级的整合（最有效点）协议。

这项研究的关键变数在于管理者是否认为他们将来会与对方互动。事实上，当管理者们相信他们会再次见面时，他们通过谈判达成了更多的双赢协议；然而，当他们的长期关系存在不确定性时，他们会着眼于短期，变得更加固执，并且更有可能错过更多的最有效点协议！具体来说，当管理者们认为他们再也见不到对方的可能性只有1%（即他们有99%的机会再见到对方）时，他们可以找到最有效点；然而，当他们认为有25%的可能性不会再见到对方（即他们有75%的机会再见到对方）时，他们不愿意为了将来获得更大的收益而做出短期牺牲。总的来说，长期视角有助于管理者更容易地达到最有效点协议。

妙招 13

谈判之前先握手

在很多文化中,人们会在交易结束时握手。握手是一种心理契约,可以视为与签署的文件一样有效。

然而,握手不仅仅是心理上的和象征性的,它还会释放出大量的催产素,即亲密荷尔蒙(bonding hormone)!更广泛地说,当我们面对面沟通时,我们可以使用四种方式进行沟通:言语、副言语(如何说)、视觉和动态(触觉)。不要小看它们。例如,在一项研究中,一些谈判者被要求在谈判之前握手,而另一些谈判者则没有。其他都是一样的。你猜怎么着?事先握手的谈判者达成了更好的协议,并且感觉更好。为什么?催产素!

不要低估催产素在冲突中的重要性。一项大规模的研究表明,催产素有三种独特的好处,有助于人们达成最有效点交易:(1)催产素促使人们把身边的人视为群体内的人,而不是群体外的人(即感觉"我们在一起");(2)催产素抑制杏仁核的活动(与恐惧和类似的情绪反应有关),并增加信任;(3)催产素会调整对共情至关重要的神经回路。

例如,在一项调查中,参与争议冲突训练的男性被注射了催产素或安慰剂。注射了催产素的男性即使自己的结果并没有受到影响,也仍然采取了行动来保护他们的团队,这表明催产素激发了保护弱势群体成员的共情。现在,对任何人而言,想要通过给同事和竞争对手注射催产素来提高找到最有效点的可能性都是不实际(或不道德)的。

所以，我们需要一个妙招！最好的非化学手段是通过握手或类似的方式与人沟通。

我在一堂课上目睹了事先握手的一种变化形式。有一对谈判者意识到他们的上臂都有文身，在谈判之前，他们将各自的文身贴在一起并摩擦了一下。毋庸置疑，与其他大多数谈判者相比，他们达成了更多的共识！催产素再次发挥了作用！

在我的一堂高管课上，我想看看在谈判之前进行简单的问候是否会为最有效点交易奠定基础。我让经理们在教室中找到另一个人，像问候亲爱的朋友一样问候他。起初，很多人都犹豫不决，但很快就出现了很多拥抱、握手和欧式的贴面问候。不出所料，在接下来的练习中，经理们创造了数量可观的最有效点交易！

因此，在谈判之前和之后，你可以考虑握手或进行其他的肢体沟通活动，并将这样做作为你技能储备的重要组成部分。因为事实就是如此。

本章小结

这些解决职场冲突的最有效点妙招可以用于日常与同事之间的非正式谈判中。这些妙招也可以用于与客户、顾客和企业打交道的正式商务场合。

职场谈判可能会呈现出对抗性，很多传统认知助长了这种看法：人们需要表现得强硬如钉般坚不可摧才不会被占便宜。事实上，大多数商务场景都包含一个最有效点，但是除非我们透露出人们有意隐瞒的一些关键信息，否则我们根本找不到它。从这个意义上说，就会存在一个"第 22 条军规"（Catch-22）[①]那样无法摆脱的困境：为了找到最有效点，我们需要一些信息，但人们不愿披露信息，因为他们担心这将对自己不利。

本章中的妙招通过鼓励人们以一种不会使他们处于讨价还价劣势的方式来表明自己的价值观、利益和偏好，从而为令他们左右为难的困境提供解决方案。实际上，这将为互惠互利奠定基础。

[①] 《第 22 条军规》是美国作家约瑟夫·海勒（Joseph Heller）创作的长篇小说。"第 22 条军规"现在已成为"难以逾越的障碍"或"自相矛盾、进退两难"的代名词。——译者注

Chapter Seven Sweet Spot Hacks for Virtual Life

第 7 章　虚拟生活中的最有效点

2020年初爆发的新冠疫情迫使学校关门，社区活动停滞，数百万人居家工作。一夜之间，面对面沟通都转变为虚拟沟通。

以桑迪为例。她是一位中层管理者，新冠疫情爆发前，他是一位模范员工。当她开始在家工作时，事情有些不妙了，因为家中还有她的丈夫（也是远程办公）、三个年幼的孩子和一只拉布拉多犬。出于家庭责任，桑迪不得不取消了很多团队视频会议或委派他人组织，这让她的团队和她自己都很沮丧。另一位管理者阿莎在居家令下达前一周刚加入公司，她面临的挑战是领导一个从未见过面的跨职能全球团队。每天的视频会议结束后，阿莎都感到异常疲惫。毫不奇怪！视频会议时的持续注视以及无法选择座位都令我们压力剧增。

有人说，面对面工作的业务团队就像法拉利汽车一样，性能高，但维护费用也高。虚拟团队则像兰博基尼 Veneno 一样，价格更高，维护费也更高！

大多数人（58%）更喜欢用短信与他人沟通，但只有48%的人喜欢面对面沟通。短信现在是所有智能手机中最常用的功能之一，仅在美国，我们每人每天平均会发送32条短信。如果你是千禧一代或

Z 世代，那么与婴儿潮一代（55 岁及以上）相比，你从不与邻居说话的可能性要高出 20 倍。

不足为奇的是，电子邮件和其他虚拟沟通方式越来越多地被应用于谈判，而这些谈判曾经是面对面进行的。波士顿一家律师事务所的一位合伙人表示："合伙人们展示了他们的技术套装，有笔记本电脑、iPad 和多部手机。然后他们戴上耳机，类似飞行员的大耳机。他们把办公桌变成了驾驶舱。"

但是，发短信可能会造成紧张和压力。一项研究发现，人们与合作伙伴发短信的次数越多，幸福感往往就越低。我们来看看发短信是如何影响一段感情的吧！刊登在 2016 年的《纽约时报》（*New York Times*）的一篇文章提到了一对夫妇——萨米尔·谢思（Sameer Sheth）和萨莉塔·谢思（Sarita Sheth），他们都对彼此发短信的习惯感到不满。萨莉塔因为在家庭聚餐时经常看手机而感到内疚，而萨米尔经常在周六早上给别人发信息，这让萨莉塔觉得他没有认真对待家庭时间。"因为当他在家里时，那是属于我们的时间。我希望他的人在这里。"她指的是他不仅仅身要在，而且心也要在。

当谈到有关沟通礼仪的建议时，一个颇受大众欢迎的网站建议情侣们遵循一些基本规则，如：（1）大声说出来，这大致可以理解为当你读到伴侣的短信时，要有一个回复。为什么？当人们看到短信已读、却没有得到答复时，他们可能会变得焦躁不安和心烦意乱；（2）当你将电话置于静音或关机状态来参加会议或专注于工作时，要让你的伴侣知道；（3）不吵架，这很简单，就像"我不想发短信吵架，我们见面时再谈吧"；（4）短信的内容要有意义，也就是说短信中应包含一些实质内容（如通过说一些体贴的话语来表明你对他/她的关心）。

仅仅是查看电子邮件的行为也会产生压力，并提高皮质醇（一种应激激素）的水平。在一项研究中，132人在八天的时间里回答了研究人员的提问，其中四天是在他们的工作时间，另外四天是在他们的非工作时间。在此期间，研究人员在一半的被试的唾液样本中检测出了皮质醇。当他们被要求随叫随到（即当他们处于工作模式）时，他们的皮质醇水平会升高，并感到压力；即使他们不必为工作随叫随到，也可以通过电子邮件和电话联系上时，他们的皮质醇水平也会显著升高。难怪有些公司制定了关于电子邮件的规定，即禁止员工在正常工作时间以外发送与工作有关的电子邮件。这些规定奏效了，因为一项为期10年的关于电子邮件规定有效性的研究表明，这些规定可以提高员工的敬业度。然而，这些规定是很难执行的，仅仅是预计下班后可能要进行沟通都会引起人们的焦虑。下班后查看工作邮件严重损害了人们的心理健康，弹性工作已经演变成了无休止的工作。

此外，我们中的大多数人都尚未接受过关于职场虚拟沟通的正式培训，我们基本上都是在即兴发挥。即使有人擅长面对面沟通，也不能保证他们能有效地应对各种虚拟沟通。诚然，大多数人都更喜欢面对面谈判，但面对面时可能有效的方法在虚拟情况下却可能并不奏效，甚至有可能适得其反。我们来看看25岁的塔利亚·简（Talia Jane）的遭遇吧。她是Yelp食品配送应用程序Eat24的客户支持代表。由于对自己的低工资感到沮丧，她在博客上给CEO写了一封大约2000字的公开信。两小时后，她的工作邮箱被禁用，而且她接到了人力资源部的电话，告诉了她一个坏消息："我们最好就此一拍两散。"在这种情况下,塔利亚的虚拟公开信事与愿违。其他一些年轻经理因为通过电子邮件表达不满而立即被解雇的事情也曾发生过。所以当涉及投诉和表达不满时,面对面或打电话仍是首选。

要在我们的虚拟沟通中找到最有效点就意味着要使用新工具。在进行虚拟线上沟通时,接受过传统的面对面沟通技巧培训的销售人员必须使用不同的策略。例如,某销售培训项目就在郑重告诫我们:"传统的销售方式正濒临消失。"这传达的信息是,让你取得今日成就的东西并不一定能确保你未来的成功,尤其在虚拟世界中。

因为虚拟沟通已经成为我们生活的重要组成部分,所以我们有必要了解,当我们坐在虚拟谈判桌旁时,我们的行为将如何在不知不觉中为消极或积极的结果创造条件。

那么,人们在虚拟谈判时会在哪里犯错误呢?关键之处就是信任。当我们面对面沟通时,我们会在一系列非言语行为的协调作用下无意识地建立起信任。我们没有意识到此刻正在做的所有微小调整,以及这些微小但重要的调整如何奠定了(或未能奠定)信任的基础。

当我们面对面沟通时,我们有多种方式,如视觉的、言语的、副言语的和动态的。视觉意味着我们可以看到对方的面部表情和肢体语言。我们知道,扬起眉毛表示感到惊讶或难以置信,交叉双臂表示想要保持距离。我们不仅要听沟通伙伴说了什么(言语),而且要听他们是如何沟通(副言语)的。例如,我们可以很容易地察觉到挖苦和嘲讽。

"动态的"指的是身体上的接触。在沟通时,我们彼此的接触远比我们意识到的多得多,手臂的轻触、握手等都会对解决冲突的过程产生重大影响。

总而言之,我们的大脑处理了大量视觉的、听觉的和动态的信息,使我们能够实时适应、调整和修正沟通方式。这就像开车一样,在沟通中,我们可以加速、减速、走不同的路线等,以应对危险和其他即时刺激。与此同时,我们的谈话对象可能也在做同样的事情。面部表情、非语言行为、身体的姿势和触碰以及社交距离系统有机地协调都可以促进沟通。这就是"沟通之舞"。熟练的沟通者尤其擅长让对方感到舒适和同步。

信任是很多谈判的黏合剂。当我们在进行虚拟沟通时,建立信任的方式是不同的。当我们面对面时,信任更多的是建立在心理因素之上,如相似性和非语言手势;然而,当我们进行虚拟沟通时,信任(至少在一开始)更多的是由感知能力和专业知识驱动的。

诚然,以技术为媒介的沟通有众多好处,而且很可能利大于弊。关键是要提前知道我们可能在什么地方出错,并为找到最有效点创造条件。这就意味着我们要介绍一些为电子沟通准备的妙招了!

电子沟通的五大严重影响

我们需要特定的妙招来为我们在电子沟通中找到最有效点奠定基础。我总结出了相关的一些妙招,以解决我所谓的"电子沟通的五大严重影响"。这些影响往往会蒙蔽我们的双眼,因为我们没有预料到,我们通过电子邮件、短信、软件甚至电话会议沟通的友好尝试可能会被沟通对象以一种意想不到的方式扭曲或感知。通过了解我们在非面对面时行为是如何变化的，我们就可以相应地做出调整，以便让我们的沟通按照我们的预期进行。

影响1：《化身博士》[①]

一家位于硅谷的公司想要减少那些不必要的会议和谈话，所以管理者决定通过电子邮件召开所有会议，并将效率视为目标。在短短的几周时间里，公司员工的紧张情绪急剧上升，以前不存在的人事问题随处可见。这些管理者没有意识到的是，面对面的谈话可以起到社交润滑剂的作用，关于天气和体育等与公司战略、目标设定或绩效没有直接关系的闲聊可能将为更有实质内容的谈话奠定基础。你可以将随意的面对面谈话视为承载着很多关系结构的承重墙。

很多公司和CEO最近开始意识到，电子邮件不仅不能促进跨时间和远距离的沟通，而且能制造"网络怪兽"。也就是说，人们在面对面沟通和使用电子邮件或文本沟通时的行为判若两人。使用电子邮件时，他们更有可能侮辱他人、使用攻击性语言和进行威胁。此外，当进行虚拟沟通时，接收端的人更有可能感到不快。我称之为杰基尔博士和海德先生双重人格效应，意思是同一个人在通过电子邮件沟通

[①] 《化身博士》（*Doctor Jekyll and Mr. Hyde*）是英国作家罗伯特·路易斯·史蒂文森（Robert Louis Stevenson）创作的小说。书中的主角是善良的杰基尔博士，他将自己当作实验对象，结果却导致自己人格分裂而形成双重人格，在夜晚，他会变成邪恶的海德先生，四处作恶。最后，杰基尔博士以自尽的方式来终止海德先生作恶。《化身博士》这部著作曾被拍成电影，编成音乐剧，流传十分广泛。现在，杰基尔和海德是"双重人格"的代称。——译者注

和面对面沟通时似乎出现了彻底的性格变化。实际上，这意味着在面对面沟通中提出的一个小问题可能会在通过电子邮件沟通时变成一个大问题。同样，在面对面沟通中澄清问题可能看起来无伤大雅，但同样的问题通过电子邮件提出却可能被视为直接攻击。如何解释当人们通过电子邮件沟通时会变得像海德先生那样呢？

社交去抑（social disinhibition）是一个心理学术语，指的是人们在虚拟的面对面沟通时受到的抑制较少。所以，在虚拟沟通中，一个人可能愿意说一些他们在面对面沟通时不愿意说的话，通常这些话是批评性或负面的。一方面，人们被鼓励说出自己的想法，但当我们的抑制降低时，我们很可能会说一些或许被认为是苛刻或非常残忍的话。这种虚拟环境中的社交去抑曾被称为"喷人"，即对某人给出刻薄的评论或反驳，并且通常是匿名的。这往往会导致互怼愈演愈烈，双方都认为自己是无辜的受害者，并且对对方的不当行为做出反应，从而使事态迅速升级。

我们以帕特里克·埃弗西德（Patrick Evershed）的遭遇为例。他通过电子邮件向公司人力资源部发送了一封正式投诉信，信中涉及他的老板——伦敦金融家约翰·杜菲尔德（John Duffield），他要求将杜菲尔德撤职。收到这封信后，杜菲尔德立刻召见了埃弗西德，给了他 15 分钟的时间来清理办公桌，并警告说："这个代价对你而言可能很大。"

我们认识的一些管理者已经制定了关于何时以及如何发送电子邮件的规定。有一位管理者从来不会在晚上九点以后发邮件，除非邮件的内容非常枯燥乏味。他还将电子邮件发送给自己，并将其保存为草稿。根据过去的种种经历，他提出了以下六条关于电子邮件的经验法则：

1. 关闭电子邮箱（不要立即阅读和回复电子邮件）；
2. 切勿在电子邮件中批评任何人，并避免技术上的争论；
3. 注意邮件的收件人和抄送人；
4. 遵守一些形式很重要；
5. 查看和修改重要邮件；
6. 请记住，电子邮件是公开的永久记录。

虚拟沟通的另一个问题是可能有意想不到的接收者。在办公室中，很难相信会有人走到错误的人面前谈论敏感话题。但是想想看，你有多少次不小心发错了邮件，就因为一个简单的自动输入或者可怕的"全部回复"。爱丽丝是一家公司的员工，她收到了老板发来的一封电子邮件，实际上这封邮件是发给她的一位同级同事的。这封电子邮件的内容是抱怨爱丽丝上班迟到。爱丽丝不知道该如何回应，她在纠结是向老板提起此事，还是应该装作没看到？她很难决定。她想要澄清自己迟到的原因，因为公司承诺了弹性工作时间。而且，老板意识到收件人没有回复也许只是时间问题。这是虚拟领域特有的问题。

为什么人们在虚拟沟通时比面对面沟通时更不受拘束？原因是当我们不面对他人时，我们的大脑功能是完全不同的。大多数人在面对他人时都会产生催产素；而当我们通过手机或电脑沟通时，情况就不同了。

此外，当我们注视另一个人的眼睛时会触发大脑的某些中枢，使我们的行为更富有同情心；而当我们进行虚拟沟通时，这些都会改变，因此我们的大脑并没有得到相同的信号，于是我们会以一种更自私的方式行事。

影响2：灰色眼镜效应

社交去抑已经够糟糕的了，而灰色眼镜效应无异于火上浇油。这种效应是指人们在虚拟沟通中对一切事物的看法都将变得更消极的趋势。发送者和接收者看到的都是消极的一面，这意味着积极的信息被视为中性的，中性的信息被视为负面的，而负面信息则是彻头彻尾的煽动！

一般来说，当人们没有面对面沟通时，这种直截了当、有时是严厉的沟通是由所谓的"消极效应"造成的。这意味着当我们发现自己卷入冲突时，虚拟沟通实际上可能会放大消极情绪，使情况升级。如果我们没有行为线索来调整沟通方式，就可能会切换到"自动驾驶"或"超速驾驶"模式来尝试解决冲突。所以，人们在没有面对面沟通的情况下很难达成友好协议也就不足为奇了。他们并不一定意识到自己的行为发生了变化，正如前面所讨论的那样，他们从温和善良的杰基尔博士变成了凶恶暴戾的海德先生。由于缺乏自我意识，当事情开始恶化时，他们便会责怪对方。

一项针对人力资源经理绩效评估的研究发现，面对面沟通与其他沟通方式的差异相当明显。被评估者的所有方面都一模一样，即他们有着相同的绩效记录。问题是，当向此人提供关于其工作绩效的反馈时，面对面（即同步）或通过书面记录（即异步）提供反馈是否存在着显著的差异？当通过书面记录而不是面对面沟通时，评审者提供了更严厉的反馈。想必他们只是在表达自己的真实想法，而不必担心会遭到直接报复。然而，当面对面沟通时，他们则会拐弯抹角和遮遮掩掩。

此外，当我们通过电子邮件索取某样东西时，比起当面索取，我们更有可能遭到拒绝。这是因为当人们通过电子邮件提出请求时，他们可能会高估自己的说服力，而如果收件人拒绝，他们就会感到失望。我们无法解读这种情况的部分原因是，我们可能没有站在接受我们请求的一方的角度。

总之，关键是要记住，我们大多数人在进行虚拟沟通或其他非面对面沟通时都戴着"灰色眼镜"，并试图相应地调整沟通或接收信息的方式。

影响3：P类魅力与E类魅力

最近，我旁听了一位同事的课程，他是一位商务沟通教练。在上课之前，我问他何为魅力。他说魅力仅仅意味着一个人如何填满一个物理空间。"你能举个例子吗？"我问。我们一边走进教室，他一边说当然可以。他指着几位正在和其他同学交谈的学生：一位身材高大、体格健壮的男性特技演员，他穿着剪裁完美的西装，声音洪亮；一位年轻女子，她笑容灿烂，笑声富于感染力；另一位女士戴着一副墨镜，说话时用胳膊和手示意性地比画着。这些人都有这位高管教练所说的典型魅力，即他们站立、行走、行动、着装、做手势、点头等的方式，这些魅力被我称为P类魅力或身体魅力。P类魅力在很大程度上取决于我这位同事所说的人们如何填满一个物理空间。

在典型的面对面会议中,个人魅力是非常重要的。因为在这样的商务会议中,最稀缺的就是时间。发言时间是宝贵的,因此,人们在发言权方面存在着明显的竞争,主导会议的人试图压制他人。当一个人在发言时,其他人通常会保持沉默,并注视着他。当发言者准备放弃发言时,他会回头看一看这个群体或某个特定的人。当另一位发言者想要插入并控制谈话时,他会做出明显的肢体动作,如清一清嗓子或调整一下姿势。类似的情况也出现在传统的课堂上。争取发言时间是通过一场复杂的非言语和副言语线索之争来进行的。通常,那些具有身体魅力(P类魅力)的人,也就是那些自信而外向且肢体表现力强的人主导了大部分谈话。

而电子沟通呢?人们何时沟通?当人们通过信息技术沟通时,就不存在对发言权的竞争了。因为沟通通常是异步的,所以人们不必为发言时间竞争。他们可以按照自己的方式编写、发布和传递信息。因此,决定影响力的不是以肢体语言和外表好看为特征的身体魅力,而是一种不同类型的魅力,我称之为 E 类魅力,即一个人如何使用基于技术的信息。E 类魅力与 P 类魅力所涉及的技能和特征完全不同。对那些大部分时间都享受 P 类魅力的好处的人而言,E 类魅力可能不是天生的。因此,在虚拟世界中出现了一种不同的等级顺序。

我在我的工商管理硕士教学中注意到了这一现象。可以肯定的是,我们的大多数课程都是在可容纳 35~75 名学生的传统教室中进行的。我发现在这种情况下,语言上最占优势的学生通常是那些性格外向、与同龄人相处融洽、社交自信心强的人,他们通常都是男性。话虽如此,但这些人实际上可能并没有最好的想法或见解。当我开始线上授课时，学生们不必通过 P 类魅力来竞争发言权，我发现了一个有趣的现象：在课堂讨论中引起最多关注的学生通常不是那些 P 类魅力高的人，也就是说，不是那些在语言和身体上占据优势、具有超凡魅力的沟通者。事实上，有些人在别人面前非常腼腆。相反，正是思想的力量决定了他们在课堂上的影响力，即他们的 E 类魅力。按照沟通教练的标准，这些人没有"魅力"，至少在课堂上是这样的；然而，他们拥有 E 类魅力，这意味着他们拥有一种成熟的、强劲有力的沟通方式和表达能力，会让听众们觉得"他们说得太好了，完全表达了我的想法"。

影响 4：言归正传

关于非面对面的会议，我观察到的一点是，人们在进入正题时不会浪费任何时间。例如，有一次，我问一个客户我是否可以（默默地）观察他们面对面的现场会议，以了解沟通情况。在会议开始前的几分钟里，我注意到大家开了很多玩笑，进行着轻松的交谈。大家在谈论他们的周末，分享他们用手机拍的照片。会议开始时，大家都变得非常严肃，但偶尔也有一些笑声。我还注意到非言语沟通中的一种有趣的交互变化，如眨眼、点头、相视一笑等。

我的联系人准备下周与一个距离较远的区域团队举行电话会议，我非常希望有一个比较小组，于是便问他我能否旁听那个电话会议。我自愿签署了保密协议，主持人在电话中介绍了我（这样人们就知道有我在），然后电话会议继续进行。与我之前所观察的面对面会议不同，这次会议立即将重点放在任务上，很少有笑声或者很少有人开玩笑。有几次，两个人或更多的人试图同时说话，随后出现了长于平时的沉默。我们还听到了一些背景的噪音，有一个人似乎一边在自己的家庭办公室里单独参与另一个会议，一边参与这个会议！

我们认为非面对面的会议往往更严肃，也更容易出现失误和分心的情况，所以不要急于马上谈正事，而要考虑人的因素。下面这个例子就很值得借鉴。一位远程工作者每天都给自己拍照，然后通过电子邮件发送给他的虚拟团队，说："我认为你们会想看看我今天穿了哪件衬衫。"

影响 5：人间蒸发

"人间蒸发"字面的意思是指对某人不理不睬，有时也指突然且不加解释地结束与某人的私人关系。人间蒸发当面做起来并不容易，但在虚拟沟通中就容易得多。人们可能和与他们有关系的同事或客户玩人间蒸发，这种想法似乎很奇怪，但这种情况却经常发生。

我的学生和客户与我分享了三种人间蒸发类型：（1）彻底蒸发，即某人对你的电子邮件或信息沟通完全视而不见；（2）慢速蒸发，即他们要过很长一段时间才会回复你的邮件、短信或电话；（3）主题变更蒸发，即收件人选择性地仅对你的短信或查询的某些内容做出回应，而从不解决最关键的问题。毫无疑问，这三种类型的人间蒸发都会加重猜疑和增加压力。

请注意，在传统的面对面沟通中，这三种人间蒸发几乎都不可能实现，因此，人们需要寻找处理电子蒸发的方法。我将这些干预技巧称为"蒸发遏制者"！最常见的"蒸发遏制者"技巧包括以"第二次请求"或"友好提醒"为主题重新发送电子邮件，从而试图激起收件人的回应。"蒸发遏制者"的另一种技巧是面对面地提醒对方进行电子沟通。一天早上,一位同事在电梯里对我说:"我给你发了一封电子邮件。"当然,他的潜台词是:"我知道你收到了我的消息,但你为什么没有回复?"可以肯定的是,一经"遏制",我就跑回办公室回复了邮件。

好吧,既然我们已经意识到了这五种影响,那么我们就来介绍一些妙招,用以避免本章中可能出现的负面结果。警告:阅读下文可能会使你对自己的线上沟通方式产生强烈的羞愧之情!

隔空不隔心的谈判妙招

妙招 1

电子沟通前先"闲聊"

"闲聊还是失败"是我和同事们在电子谈判领域发表的第一篇文章的标题。我对这个话题着迷开始于一位客户,他说自己与客户的重要谈判不是面对面进行的,而是通过电子邮件、短信,有时甚至是电话进行的。他请我为他提供一些最佳的实践经验,以丰富他的技能储备。

这次谈话促使我联系了我的同事迈克尔·莫里斯(Michael Morris)教授,他当时在斯坦福大学商学院(Stanford Graduate School of Business)执教,正准备在我计划教授凯洛格商学院工商管理硕士学生的同一学期教一门谈判课程。随着虚拟谈判、远程谈判和团队合作挑战(如我的客户所面临的挑战)的日益普遍,迈克尔·莫里斯、贾尼斯·纳德勒（Janice Nadler）、特里·库茨伯格（Terri Kurtzberg）和我合作研究了通过电子邮件进行的商务谈判是否会削弱人们寻找和创造最有效点交易的能力。因此，我们设置了一个高利害攸关性的商务谈判场景，其中每个人都与一个交易对手配对，通过电子邮件进行谈判。

在模拟中，我们的学生（来自斯坦福大学和凯洛格商学院）在模拟的业务环境中通过电子邮件进行了谈判。他们被告知都是同一家公司的管理者，但在不同的区域工作，正如一些大型的国际化公司一样，这些公司的管理者分布在不同的办公室和不同的职能部门。我们将学生们随机配对，并开展一对一的谈判。为了使情况更加真实，他们在谈判中的表现至关重要，每位管理者都有自己的利润中心，并受到激励，以使他们创造的价值最大化。

由于谈判模拟很复杂且利害攸关，因此我们给每名学生"管理者"整整一周的时间通过电子邮件与对方谈判。在这七天的时间里，他们完全可以随心所欲地给对方发电子邮件。在电子邮件谈判开始前，我们增加了一点小花样：一些人被要求在开始虚拟谈判之前给对方打一个简短的电话（不超过五分钟），而其他人则没有被要求这样做。这是两组唯一的不同之处。此外，我们警告说，电话仅限于社交，而且他们不能讨论手头的业务，但任何形式的闲聊都是允许的。接下来的一周，所有的年轻管理者都试图解决高利害攸关性和棘手的业务冲突。在为期一周的谈判之后，他们给我们发来了完整的电子邮件谈判记录，供我们分析。

结果是，没有打简短电话的谈判者达成最有效点交易的可能性要小得多，事实上，他们中的大多数人根本没有达成一致！他们宣布陷入僵局的比例（61%）远高于那些事先打了简短电话的人（40%）。尽管那个电话与手头的业务没有任何关系，但它为谈判者创造了融洽和信任的基础。五分钟的闲聊成功地避免了两败俱伤的结果。

此外，对电子邮件记录的分析显示，一些谈判几乎一下子就陷入了僵局。在很多情况下，这属于前面提到的"人间蒸发"问题，如："我在六个小时前给你发了一封电子邮件，你还没有回复。"在另一些情况下，电子邮件几乎变得像电报一样简洁，如："现在就回复邮件，否则我们到此为止。"可以理解的是，这些信息被视为赤裸裸的威胁。

出于好奇，我把研究结果拿给一位经济学家朋友看。我先说明一下，我的很多好朋友都是经济学家。我的朋友看着结果说："这些人的行为都不理性。"我请他解释解释。他指出，这五分钟的通话是"廉价对话"，这意味着它没有约束力，因此不会对谈判结果有影响。诚然，我认识的好几位经济学家都强调，在没有具有约束力的合同的情况下，人们可以说他们想说的任何话，并做出任何承诺，而这些承诺在很大程度上应该被忽略，因为根本不存在可执行的义务。现在，在我看来，在我们的研究中，"廉价对话"并不廉价。我的意思是，在研究中打过电话的管理者最终获得了更多的最有效点交易，并为他们的组织创造了更大的经济价值！因此，我们需要更深入地挖掘，以理解看似无意义、无约束力的谈话对谈判绩效的影响。

与我的经济学家朋友们不同，我和我的同事们认为"廉价对话"是一种社会黏合剂或润滑剂，可能会为达成最佳交易铺平道路。诚然，正如经济学家们指出的那样，"廉价对话"在技术上没有法律约束力，但人们通常表现得好像它有约束力似的。很多人使用"握手交易"一词来指那些虽然他们口头同意但没有相关法律约束力的承诺。在这种情况下，谈话并不廉价。

为了验证这种"谈话并不廉价"的想法，我和我的同事们与一位经济学家合作进行了一项研究，研究具有竞争型和合作型人格的人在容易撒谎或隐瞒信息的谈判情境中是如何表现的。我们制定了三套规则，以确定它们可能如何影响谈判的过程和结果。在"廉价对话"小组中，双方在单独做出决策之前可以进行面对面的谈话（即要么对对方友好，要么让他"见鬼去"）；在"书面便签"小组中，参与者只被允许传递书面便签；在"禁止沟通"小组中，不允许参与者进行任何的提前沟通。经济学家预测，这三套规则产生的结果不会有差异。因为"廉价对话"和"书面便签"组的参与者可以在做出选择前说他们想说的任何话，但当要做出真正的决策时，他们就会转身做他们想做的任何事，因为他们之前的话没有约束力。为了让人们更容易参与到真正的"廉价对话"中，我们设计了一种方法，让人们不必看到他们的对手，因为他们会通过不同的入口和出口到达和离开。

正如你可能猜到的那样，我和同事们的预测与经济学家同行们的截然不同。尽管谈话没有约束力，而且参与者将来与对方不会再相遇，但我们认为那些沟通条件更丰富的人比没有任何沟通的人更有可能信守诺言，达成最有效点交易。

事实的确如此，这让经济学家们大感意外！以面对面或书面形式沟通的人兑现承诺的可能性是其他人的两倍多，即使他们没有义务这样做。因此，在这种情况下，"廉价对话"为相互信任铺平了道路，这就证明了它在现实中并不廉价！

妙招 2

多传达积极信息

我发现把电子沟通想象成胆固醇很有用,这意味着有两种沟通语气,即积极的和消极的。积极语气的沟通是这样的:如使用类似"这太好了""我非常喜欢……"和"非常感谢"等短语,使用问候语("亲爱的某某")和结束语("衷心祝福"),以及笑脸和感叹号等表情符号。消极语气的沟通是通过否定和其他短语进行的,如"我不认为……""这是一个问题"以及更严厉的"我对……不满意"。

归根结底,对电子沟通而言,真正重要的是积极和消极部分的比例,而不是每一部分的绝对数量。出于这个原因,我经常请商务人士向我展示他们与同事、客户或顾客的电子邮件往来,然后在消极的沟通下划线(如"我很担心……""这不是我所期望的……""有一个问题……"等),并圈出所有积极的短语(如"这很好……""我很感激……""这太棒了"等)。然后,我会请他们数一数圆圈和下划线的数量,看看它们的比例。这就是所谓的"情感参与"。

研究人员认为,可以根据你的语言衡量出三种参与类型,它们分别是情感参与、社交参与和任务参与。让我们面对现实吧:通过电子邮件建立关系比面对面要困难得多。通过电子沟通建立关系的一个关键是参与。我们应该怎么做呢?

分析你自己的电子沟通的第二步是数一数你所使用的所有代词,如"我""你""你们""我们""我们的"等。人称代词反映的是对人的关注,而不是对物体或概念的关注。人称代词出现得越多,人们对人的关注就越多，既包括自己，也包括他人。第一人称代词很有趣；然而，使用大量的"我""我的"等词汇可以反映神经质或反刍式的自我关注。在自然谈话中，它通常采取模糊限制的形式（如"我认为这可能有用……"），但它也能反映控制权。林柯（Lincke）和尤林金（Ulijn）的研究显示，在谈判中，人称代词的理想使用顺序是：第一，"你/你们"；第二，"我们"；第三，"我"；第四，"他们"。代词的总数量反映了你的社交参与程度。

最后，圈出电子沟通中你所使用的所有动词，即表示动作的词（如"工作""谈话""会晤""结盟"等）。这些动词反映了任务参与度。请你使用上述三个指标，至少审视你和另一个人之间的三次电子沟通。你参与了吗？对方参与了吗？你们分别在哪些维度上参与，情感、社交还是任务？

妙招是双刃剑。首先，不要以任何消极的信息开头。因为这会让对方产生一种忧郁和消极的情绪，这样，接下来的一切都会被解读成消极的。所以，要以积极的话语开篇。第二，你的积极信息和消极信息至少应达到 2∶1 的比例。

妙招 3

只提好消息

一些公司注意到，当面对面沟通被取消时，沟通倾向于朝着消极的方向发展，它们正在采取措施解决这个问题。

例如，胜略软件（SuccessFactors）的 CEO 拉斯·达尔加德（Lars Dalgaard）已经认识到了异步沟通（如电子邮件）是如何引发消极连锁反应的。因此，他制定了两条简单的规则：（1）任何人都不能盲目地将电子邮件抄送给其他人；（2）如果有人开始抱怨另一位团队成员或员工，达尔加德会亲自让这个人参与电子邮件的往来。也许正是出于对产生网络怪兽的类似恐惧，我认识的一位 CEO 在其公司内部制定了一项新政策：电子邮件只能用于发送好消息和更新消息。

一些企业制定了电子邮件规范，以改善沟通并防止误会。例如，小型企业趋势（Small Business Trends）网站提出了以下与电子邮件相关的十项关键原则。

- 保持简短（大多数人都只是浏览电子邮件，而不想阅读论文）。
- 将主题行设为摘要（不要让你的邮件主题看起来像垃圾邮件的主题，要言简意赅）。
- 以"您"开头和结尾（要引起收件人的注意，因此可以以"您问过我"或"您提到我们应该……"开头）。
- 每条信息只包含一个主题（不要给你的收件人发送冗长的清单，而是要针对每个主题，将电子邮件分解成单条信息）。
- 使用适当的语气（讽刺难免被误解，所以想想看，发送的所有电子邮件都将抄送整个组织）。
- 不要抄送给目光所及的每一个人（这只是一条信息而已，不是集体诉讼）。
- 尊重拼写和语法（我一直没有意识到这个问题，直到我的一位客户问我是否赶时间，我说："没有啊，为什么这么问？"他解释说，我发送的电子邮件中有很多错误。从那时起，我打开了拼写和语法检查功能，并且总是先校对好再发送）。
- 请记住，这不是私人邮件（准确地说，你的电子邮件属于你的公司，可以提交至法庭。所以对于敏感的话题，请拿起电话或者当面聊）。
- 电子邮件不适合争论（不要在电子邮件中争论，异步沟通很快会引起诉讼）。
- 观察邮件往来（大约三到四个回合后开始写一封新邮件）。

妙招 4

尽早与你的对话伙伴变得相似

我们都听说过"镜像"，它指的是人们尝试使用与其沟通人相同的肢体语言（我们曾在第 5 章的妙招 9 中介绍过）。例如，销售人员会接受模仿顾客和客户肢体语言的训练。多项研究表明，微妙的镜像是有效的。然而，当人们通过电子邮件、短信或聊天软件沟通时，是无法模仿对方的肢体语言的。下一个最佳选择是语言风格匹配。

一个人的语言风格是指他如何将自己的语言组织在一起。语言风格匹配的字面意思是人们使用与另一个人相同的单词或短语，以表达他们的所见相同。利用语言风格匹配，研究人员可以测量人们语言风格的相似程度，这可以预测他们喜欢对方的程度，以及与对方建立信任和合作的可能性的大小。因此，语言风格匹配是一种简单低调的方式，用于衡量人们在谈话中语言风格的相似性。当人们的语言风格相匹配时，他们会感到和谐。在沟通中，彼此语言风格匹配的人往往会有更积极的互动。语言风格匹配最有力的例证之一是对尼克松总统与其助手互动的研究。具体地说，对语言的 18 种维度进行的研究发现，在尼克松与约翰·迪恩（John Dean）的最后一次谈话中（当时紧张和猜疑达到了顶点），语言之间几乎没有协调性，主导权争夺也很频繁，这表明语言风格匹配较低。

在另一项调查中，研究人员使用 2002 年至 2003 年《欧盟未来宪法宪章》(*Constitutional Convention on the Future of the European Union*) 全体会议上的原始数据，研究了外交官们的语言风格。当外交官们趋于采用共同的语言风格（具有更高的语言风格匹配）时，他们的讨论更有可能达成一致；而当他们的语言风格不一致时，他们的讨论更有可能产生分歧。

人们对伴侣的语言风格匹配也进行过研究，结果表明，好事过犹不及！在一项调查中，研究人员对夫妻之间的讨论进行了视频录像，并讨论了关系压力源或伴侣的个人压力源（一种社交支持讨论）。夫妻双方的语言越倾向于一致，承受压力的一方就越感到自己得到了支持；然而，语言风格匹配度越高的夫妻，他们在讨论关系压力源时的积极情绪就越少。也就是说，越是尽量匹配语言风格的夫妻，他们使用批评和做出负面行为的可能性就越大。为什么？当夫妻讨论关系压力源时，较高的语言风格匹配度放大了互动的整体负面基调。我们的结论是：语言风格匹配并不总是为融洽奠定基础，还有可能会放大积极和消极的互动基调。我的妙招是：使用语言风格匹配来融合积极的语言元素，而不是消极的语言元素！

另一项研究考察了通过即时信息进行的谈判。语言风格匹配度较高的谈判者确实更愿意参与社会活动，但对他们手头任务的关注度较低，而且在较短的讨论时间内更不可能获得互利的结果。那些在互动初期（与后来相比）与同伴的风格相匹配的人会产生更多的积极互动。

语言风格匹配并不只是使用与你的沟通伙伴相同的词语那么简单。如上所述，过多的负面词汇会把同伴拉入负面情绪的漩涡。一项调查研究了 20 起离婚调解案件的语言风格。对于成功的离婚调解，即夫妻双方达成共同和解（一种最有效点）的调解，夫妻双方在积极赋权标记上具有语言同步性。什么是赋权标记？很简单，就是从一个软弱之人，即缺乏能力和行动来参与并决心实现之人，发展到一个头脑冷静、自信果断和条理井然之人的过程。从这个意义上说，就是一个人从冲突中撤出，转而积极和建设性地处理关键问题的过程。

想一想，当一对夫妻意识到他们多年来一直在为同样的事情，即如何有效育儿而争论不休时，他们应如何从软弱转变为有力呢？他们中的一个信奉自由放养的方式；另一个则严格得多。在一次冲突中，他们最小的儿子抱怨说："为什么你们每周都会为了同样的事情争吵呢？你们谁也不会改变主意的。"夫妻中的一人建议他们每周抽出一些时间来讨论那一周面临的最重要的育儿问题，并同意不提及过去或将来的情况，这是一种更有力的方法。

当人们变得能与他人积极接触时，他们使用的单词和短语表明了他们对情况的看法以及他们内心的担忧和目标。某些单词和短语对于建立信任和融洽关系特别重要。一个人的语言风格是由他对虚词（如代词和冠词）的使用来定义的，而虚词是构成大部分英语语句的关键词。人称代词包括"我""她""他们"等，冠词包括"一个""这个"等。虚词反映了一个人的感受。与实词（如名词和动词）不同，虚词在脱离特定语境后几乎没有任何意义，而且人们对虚词的处理速度很快，通常也是无意识的。

坦率地说，考虑到语言的所有这些特征，很难随意匹配一个人的谈话风格。所以，我们需要一个妙招。

一项调查研究了在八分钟的在线聊天中，对话中的语言趋同（即与对话伙伴使用相同的代词和冠词）是否会让人们喜欢并信任彼此。结果是，在对话开始的四分钟内，人们对其想与之交谈和联系的人产生了强烈的偏好，他们的选择是由语言匹配驱动的。最重要的是谈话中的早期匹配。那么，妙招就是在谈话刚开始时就尽量与你的对话伙伴变得更相似。换句话说，比基线相似性（两个人在使用语言时有多相似）更重要的是，预测对话积极成功的关键因素是趋同性，也就是他们在对话过程中如何一起成长。

另一项调查探讨了语言风格匹配在高风险人质谈判中的作用。显然，在这种情况下，情绪风险很高，分分秒秒都不能掉以轻心。不出所料，结果显示，语言风格匹配度越高，谈判越成功。事实上，不成功的人质谈判往往有剧烈的变化，由于语言风格匹配度太低，首席谈判代表无法保持稳定的融洽关系。每一次即时沟通及其形式都至关重要。例如，如果警方谈判代表以简短、积极的方式进行互动，那么劫持人质者往往也会效仿。

有一种理论有助于解释语言风格匹配效应。沟通适应理论指出，人们不断地改变自己的行为，以创造、维持或在某些情况下缩小自己与他人的社交距离。在所有缩小社交距离（和建立关系）的策略中，趋同是最有效的。当人们使用对方的举止、言语和行为（即语言风格匹配）时就会发生趋同。事实上，随着人们越来越同步（双方在语言表达上具有一致性），他们开始匹配对方的语言风格，这反过来又拉近了彼此的关系,令他们的关系更加和谐。

妙招 5

一图胜千言

前段时间,我在制作我的第一个播客。我的主持人说,潜在观众很多,可能多达 10 000 人。此外,播客的时间似乎很长(超过了一个小时),我要讲的是团队合作和谈判。在我进行了 30 分钟的介绍后,主持人要向我提出问题。我事先不知道问题是什么,所以要当场回答。由于我了解有关社交去抑和消极效应的研究(当沟通不是当面进行时,我们往往会表现得更消极,就像播客这样,我们看不见听众,也听不到他们的声音),我担心自己会感觉与观众脱节,或者更糟的是,我可能会无意中说出一些过于苛刻或主观的话。

于是,在播客开始前一个小时,我找到了一张大教室的彩色照片,上面能清楚地看见学生们的面孔,他们全都全神贯注,而且表情和善友好。我打印了一张大图,贴在我正对面的墙上。

到了播客时间,我特意盯着照片上学生们的脸。他们中的很多人都在微笑,我发现自己也对他们报以微笑,甚至偶尔向他们点头。我敢肯定,任何一位同事在我办公室门口看到我时都会想我不是疯了就是服用了迷幻剂!但这招对我很管用。我把教室的照片贴在墙上,避免了社交去抑和消极影响。在这重要的第一次播客中,我创造了一种人为因素来调动自己大脑的关键部分。

这个"图片"妙招让我和我的同事们进行了一次真实的科学实验,我们让管理者学员们通过电子邮件谈判。特别之处在于,我们给其中一些参与者提供了一张他们对手的小照片，而没有给其他人提供。除此之外，各小组之间有关谈判的所有方面都一模一样。结果清楚地显示了视觉因素（在本例中是一张非常小的照片）对于人们的沟通是多么重要。收到对手小照片的管理者学员在电子谈判中比没有收到照片的管理者学员创造了更多的最有效点交易。具体来说，收到小照片的谈判者中有 96% 达成了一致，而没有收到小照片的谈判者中只有 78% 达成了一致。更值得注意的是，有照片的小组比没有照片的小组多创造了总额高达 168 万美元的最有效点交易！

妙招 6

善用"镜子"

有时，人们不知道他们内心的"海德先生"何时接管了他们的性格。他们在处理收件箱和短信时鲁莽且冲动，在回复邮件时匆匆忙忙，这导致一连串关系被破坏。他们也可能在电话会议上做同样的事情，毫无意识地欺凌他人。

阿迪塔是我班上的一位高管，她对最近的一次绩效评估感到心烦意乱。她领导着一个虚拟团队，而团队成员对她的 360 度反馈都是负面的，如"她粗鲁好斗，无法让别人感到受重视""她从不听取别人的意见，会把自己的意见强加给团队"，这令她非常不安。最让我的其他高管学员吃惊的是，她完全没有意识到这是她在虚拟团队中给人留下的印象。当阿迪塔向我征求意见时，我很严肃地说："这是一份 360 度评估报告，不可能所有九个人都是错的，而只有你是对的。"

阿迪塔承认她需要改变。我很高兴听到这个消息，但我补充说，她只有先获得一些个人意识,才能开始她的个人改变。"我该怎么做?"她问。我向她介绍了一项研究。这项研究是在你的周围放置一些镜子,以便观察别人对你的表情和语气的反应。在这项研究中,那些在镜子前沟通的人比不使用镜子的人更具自我批评的倾向,在沟通中也更有道德感。

阿迪塔非常有进取心,她把这个想法又推进了一步。她和她的团队开了一次会,明确表示她已经听到了关于自己领导风格的反馈,并希望做出真正的行为改变。她要求小组的每一位成员模仿一下她的肢体语言,充当她的"镜子"。她的几位直接下属交叉着双臂,摇着头,这让她知道了自己经常这样。阿迪塔学到了非常宝贵的东西,这帮助她慢慢学会了更积极的沟通方式。阿迪塔还意识到,她在电子邮件沟通中也使用了同样唐突的风格。随着对别人如何看待她有了新的认识,阿迪塔在写短信时变得更加谨慎了。

妙招 7

先提出问题

提出问题是谈判成功的一个关键因素。例如,我的研究表明,提出问题的人创造了更多的最有效点交易。

某大型供应商公司的一位区域经理与供应商、客户和制造商进行了大量的非面对面商务谈判。他亲眼看见了多次当任何一方开始提出论点和主张时,谈判迅速演变成一场关于意志的较量。因此,他形成了一种他称之为"习惯"的做法,即在每次电子沟通开始时先问一个问题,即重申客户当前面临的问题以及他们想要解决的问题。例如,在提到交货时，他会以提问的形式总结客户在上一次谈话中提出的问题，如："听起来您很担心分包商不能及时到现场交货，对吗？"以及"当您不知道是否已经交货时，这是一个问题，我说得对吗？"这位区域经理了解到，以提问的形式从之前的谈话中总结客户关心的问题会使客户感到满意，并使他们有机会澄清任何误解。

以下的例子更具体。他向一位重要客户提出了一个总结性问题："您提到由于分包商和当前供应商其中一方迟到或不到场，所以很难协调双方之间的交货，是吗？"在问了这样的问题来证实客户的担忧之后，他又问了一个问题，即询问客户对当前状况的看法："这些情况最终不仅会让您蒙受经济损失，而且会让您更加恼火，是吗？"然后，他提出了能够解决问题的方案："如果我能为您提供解决方案，避免所有关于交付的麻烦，让您和分包商不会总是争执不断，那您会感兴趣吗？"客户回答说："当然，我很感兴趣。"此时，客户几乎已经可以在协议上签字了，而区域经理就可以开始为所需服务定价了。

妙招 8

不要开门见山

一切都从一封电子邮件开始。这封邮件是我在执行一个大型项目之前发给我们行政中心的一位工作人员的。那一天经历的各种挫折让我疲惫不堪，我快速地查看了堆积如山的邮件，快速地回复邮件，为第二天做准备。在一封电子邮件中，我为第二天早上的高管课程总结了一份"倒计时清单"，并把它发给了主管琳达。事后看来，我发送给琳达的电子邮件看起来不仅像份电报，而且像是某种奇怪的莫尔斯电码。邮件是这样写的:"……是的,很好,但需要在上午课前多印几份……""把垫子放在桌上一小时,开始流程……"

第二天,我快步走进教室,琳达拿着我要求的教学材料走过来。她呆呆地站在那里,红着脸,神情紧张。我傻傻地说了句:"早!"显然,那是最后一根稻草。她把我要的资料扔到地上,然后大步走了出去。我惊呆了,追上她要求她做出解释,但这似乎只会火上浇油。琳达拿着一份我的电子邮件的打印件,在我面前郑重地撕掉,并宣布:"我不想再与你有任何联系了。"说完就走开了。

问题是,我不知道她在说什么,也不知道我做错了什么。我弯下腰,捡起碎纸,重新读了一遍我的电子邮件。没什么问题呀,我想。到底是哪儿出了问题?

困惑之下,我决定实践我所提倡的做法,即换位思考。我想象自己是一位下属,收到了一封高级主管(我的院长、教务处长或大学校长)发的电子邮件。突然间,我简短的话语有了新的含义:看似简单的倒计时总结,现在却像是一个无情的独裁者发出的命令和指令。显然,这并不是我的本意。我只是想节省我们的时间而已!我还注意到,我的邮件里没有任何寒暄。更确切地说,这是一份带有项目符号的待办事项清单,根本没有任何人情味!令我沮丧的是,我在浏览自己发给琳达的"已发送邮件"时意识到,我这样做已经有一段时间了,这最终导致她对我大发雷霆。

几天后,我请求与琳达单独见面,并表示我很抱歉。我没有试图为自己的行为辩解或解释,而只是对她说:"我很重视你所做的工作,很难过让你觉得受到了侮辱。我很抱歉。"她勉强接受了我的道歉,但显然还是很生气。这也说得通,我才是那个需要改变的人。从那时起,我就开始注意两点:第一,永远不要发送仓促撰写的电子邮件;第二,一定要加上问候语和结尾的敬语。

大约六个月后,琳达走过来对我说,她已经准备好按下重启键继续工作了。我微笑着说:"我也有同感。"我伸出了双臂,她也伸出了双臂来拥抱我,我们都松了一口气。我一直在努力寻找处理电子邮件的最佳方式,包括上面提到的那些。除此之外,凡是发给员工的邮件,在点击"发送"按钮之前,我都会仔细地重读一遍。而且,我从不在晚上发电子邮件,因为那时候我可能不够清醒。在每封邮件的开头和结尾,我都会诚挚地说句客气话,如"期待着与您共事……""真挚地……""不胜感激"等。

有了这次教训,我反思了为什么有些电子邮件沟通似乎更难以管理。我注意到,当涉及的各方之间存在权力差异时,词语可能会产生意想不到的含义。

斯坦福大学商学院教授罗德·克莱默(Rod Kramer)及其同事的研究揭示了有权力的人和没有权力的人有着截然不同的观点。克莱默发现,当人们在社会组织环境中拥有权力时,他们会有效地依靠"自动驾驶模式"工作,会缺乏自我意识,对周围的社会或情境了解甚少;然而,那些没有权力的人却处于高度戒备状态,他们仔细监控局势,解构每一次互动,试图找到它们的意义,理解因果关系。

克莱默分享了自己的故事来说明这一现实,并以我和琳达的故事作为主题进行了叙述。有一次，在斯坦福大学，当他走进电梯时，电梯里挤满了焦虑不安的博士生，他们为自己在博士项目中的不确定地位担心着，而他也在想着当天下午晚些时候的演讲。克莱默和学生们说了几句话，学生们知道他是能够决定自己命运的人之一。后来，克莱默记不起自己在电梯里的时间，更不记得还有谁在电梯里。然而，当他后来问博士生们这件事时，他们却能准确地回忆起确切的时间、克莱默穿的是哪套西装以及他的目光是如何躲闪的（那意味着他们实际上不会被接纳为候选人）。克莱默是在开始了一个研究项目之后才明白这一点的，这个项目研究的是权力大的人的情境意识往往弱于权力小很多的人（就像他的博士生那样）。关键是，有权力的人不一定会注意环境；而缺乏权力的人往往会观察并剖析高层的一举一动（或高层没有任何举动），以了解自己在等级制度中的相对位置和安全性。对那些有权力的人而言，这一点很重要，正如在我和琳达的案例中，我就没能做到这一点。

德博拉·格林菲尔德（Deborah Gruenfeld）教授及其同事研究了有权力的人和没有权力的人在鸡尾酒会等社交活动中的行为。例如，有权力的人吃得更多，更杂乱，更肆无忌惮；而那些缺乏权力的人则会谨慎地选择食物，并更加控制自己的饮食行为。

通过对一家巴西公司与两家欧洲公司通过传真往来的商业信函进行研究，我们可以深入了解产生信任的语言，而不是强调权力失衡或其他问题。我们给出了撰写商务信函的四个主要步骤：（1）建立谈判链；（2）提供信息和答案；（3）请求信息和行动；（4）结束。关键是，第一步和第二步为另外两步奠定了基础，共同构成关键内容。然而，如果一个人只是直接切入内容（忽略了第一步和第四步），就不太可能获得成功。在我给琳达写电子邮件时，我就直接进入了第三步（提出请求），跳过了其他所有步骤，所以导致了消极的结果。

一项关于美国国内和国际电子邮件谈判的研究发现，开门见山也是至关重要的。成功进行电子谈判最重要的决定因素之一是双方事先都表示出追求互惠互利的意图。所以，本小节是关于以一种积极的方式构建沟通，抵制简单切入主题的诱惑，因为事实证明，直入主题会导致更糟糕的结果。

妙招 9

善用道歉

有时候，尽管我们的出发点是好的，但沟通，尤其是涉及意见分歧和冲突的沟通，却可能会失败。问题是，当你意识到沟通正在走向失败时，你将如何打破这种恶性循环并有效地按下重置键？

按下重置键最有效的方法之一就是道歉。请你记住有两种主要的道歉方式：例行道歉（如"很抱歉打扰您"）和由衷的道歉（如"对不起，昨天我在电话会议中脾气有些暴躁"）。如果由衷的道歉是真诚且及时的，就会特别有效。那么例行道歉呢？虽然例行或过度道歉（如"我很抱歉，下雨了"）似乎没什么积极影响，但事实并非如此！例行道歉会增加"受害者"对道歉者的信任。因为过度道歉可以使"受害者"得到同情和关注，并增加他们对道歉者的信任和好感。

另一项研究考察了商务邮件中的道歉，结果发现在邮件中接受道歉并不常见,除非是非常严重的冒犯。这是因为接受道歉就证明确实发生了冒犯。一份商业出版物提供了表示由衷道歉的邮件模板,并指出类似以下的内容是非常理想的。对此,我完全同意!

> 佐伊:
>
> 您好,希望你一切顺利。我只是想花点时间向您道歉。我在您发言之前,把我们最新的研究报告初稿发给了客户。我觉得这样做是积极主动的表现,但我意识到我应该先与您确认一下。我在此表示真诚的道歉,我已经与沟通团队和投资者关系团队建立了在线审批和审查流程,以确保这种情况不会再次发生。我还能做些什么来帮助事情重回正轨吗?我很乐意在您方便的时候与您讨论。
>
> 真诚的,
> 泰勒

诚然,冲突各方可能试图通过道歉来共情和建立信任,但有时它会被对方拒绝或驳回。共情是一种共同的互动努力,在进行这种努力时,人们会验证、确认和再确认他们的经历、兴趣和需求的合理性。关键的破解之法是要意识到,当你共情的尝试被拒绝时,这通常只是过程中的一个阶段出了问题,而不是全盘崩溃。因此,请继续尝试,并尽可能进行真诚的沟通。

妙招 10

学会辨别谎言

关于在线互动的一个经验性观察结果表明,人们在虚拟沟通而不是面对面沟通时,更有可能撒谎、作弊和欺骗,这与我们之前的讨论结果是一致的。可以肯定的是,这是一种高风险行为,因为人们发送的任何东西都会留下永久记录。那么,为什么人们似乎忘记了这一点,而通过互联网发送那些看起来令人遗憾的信息呢?显然,当人们面对面沟通时,大脑的一个区域会被激活,这使我们更有人情味,更富有同情心,并促使我们诚实。当我们没有面对面时,因为缺乏刺激大脑这一部分的社交信号,我们中的很多人都可能会表现得不那么道德。

一项采用日记法追踪欺骗行为的研究要求参与者连续七天记录他们所有的社交互动(包括谎言在内)。在这项研究中,参与者在电话中撒谎最多,在电子邮件中撒谎最少。请注意,这个结果与前面提到的研究结果是相反的,因此,虚拟沟通时说谎的发生率似乎与环境密切相关。此外,面对面沟通和即时信息沟通中说谎的发生率大致相等。这一结果表明,通信技术的设计特点,如同步性、可记录性和共现性,会影响说谎行为。

鉴于在谈判中几乎总是有使用欺骗的诱惑,大多数人都希望能查出这种行为,以防止经济损失。但这很难做到,因为骗子(和其他骗人的人)有动机避免被抓住,从而努力营造一种增进信任的印象。那么,如何察觉说谎呢?这很难!即使是熟练的专业人士,如执法人员和海关检查人员,他们在测谎方面的表现也时常不稳定。如果你有几年时间与像保罗·艾克曼博士(Paul Ekman)这样的世界级沟通专家一起训练,你可能有机会提高测谎技能。但是,我们大多数人都无法抽出几年的时间来攻读沟通理论方面的博士学位。所以,没错,我们需要妙招!

在这种情况下,答案可能都在文字里。从字面上说,就是字数。一项研究考察了"说谎者"和他们的对话伙伴在真实沟通和欺骗性沟通中的对话记录。总的来说,说谎者会说更多的话,使用更多感官类型的词(如"我明白你在说什么""提到这一点,我有一些想法"等),并且在撒谎时使用更多指代他人的代词(如"你")。

大多数测谎技术都依赖于对非言语行为(如面部表情和副语言线索)的分析。在没有非语言线索的虚拟沟通模式(如文本和电子邮件)中,如何检测谎言呢?欺骗理论认为,欺骗性写作的特点是第一人称代词和专有名词的使用频率低,消极情绪词和动作动词的使用频率高。一项调查将这种欺骗模式应用于安然(Enron)公司的电子邮件数据库。当将安然公司的邮件按照它们是否符合欺骗特征进行排序时(即第一人称代词和专有名词少,消极情绪词和动作动词多),符合该模式的电子邮件更可能包含欺骗性沟通;其他按照这些频率统计排名靠前的电子邮件也显示出信息沟通不当等组织功能失调的状况。

妙招 11

别那么骄傲

正如我们所知道的,人们在没有面对面的时候会表现得不一样。他们可能更消极,往往也更骄横,给人一种他们享有权力且不易相处的印象。这是一个问题,因为过度的骄傲或骄横损害了我们在任何形式的谈判中找到最有效点的能力。如果我们在非面对面沟通中无意给人留下了负面印象,我们就需要被唤醒了!

过度的骄傲会蒙蔽我们的双眼，使我们无法找到最有效点。不管我们是否意识到这一点，人们都可以很快地根据非常有限的信息形成对我们性格的印象。事实上，一些研究表明，人们在初次见面的几分钟（有时是几秒钟）内就会对对方形成持久的印象。这意味着在几分钟或几秒钟内，收件人通过你写或发送的电子邮件就已经对你的性格有了大致了解。

几项研究调查将管理者的电子邮件和其他书面沟通当作了解他们性格的窗口。例如，我们可以通过考察写作风格来衡量"黑暗人格"的特质，即自恋、马基雅维利主义（为了目的可以不择手段）和傲慢。因此一些人推测，造成2008年金融危机的部分原因是很多CEO都狂妄自大。一项研究调查了一家银行的CEO多年来写给股东们的信，以寻找其性格特征的证据，包括自恋、自大、过度自信和CEO属性（即管理者如何解释好坏事件）。这位CEO写的一半以上的句子中包含自恋型的言辞。在45%的自恋型语句中，还有三种自大的症状，这就是所谓的"极端自大"行为。这三种症状是：（1）传达的坏消息少之又少；（2）一半以上的好消息都归功于CEO；（3）所有的坏消息都归咎于外部。CEO的任职时间越长，研究人员在其写作中发现的狂妄自大特征就越严重！

显而易见，狂妄自大的沟通方式会损害谈判和其他互动。那么，避免狂妄自大的妙招是什么呢？在发送重要的书面信息之前应仔细检查，避免使用皇室的"我们"（当你要说"我"时可能会使用"我们"），也不要以第三人称谈论你自己。理想的情况是，让一位同伴仔细阅读你的关键沟通信息，寻找有自负、幸灾乐祸、目中无人或盛气凌人含义的言辞。同时，避免鲁莽和冲动的语言。我们以杰迪的经历为例。他是我的一位高管学员和客户，是一家大型制药公司的投资组合管理总监。他参与了与一家生物技术公司合作的临床试验设计谈判。杰迪与我分享了他在谈判过程中打算发送给"反对方"的电子邮件草稿："为获得可靠的、具有统计学意义的结果，从而做出'通过/不通过'的决策，在考虑了多项研究设计之后，我们就以下设计达成一致……"

我告诉杰迪，在上述邮件内容中有三个狂妄自大的标志：他对"我们"的使用、他傲慢地认为自己的设计是非此不可的，以及他隐晦地威胁要离开，如提到"不通过"（冲动性语言）。在我的极力建议下，杰迪最终将他的邮件内容修改为："我很高兴向您汇报，为获得明确的结果，我和我的团队考虑了多项研究设计，并对试验中的一项设计达成了共识。我非常想听听您对这个设计的想法……"杰迪告诉我，合作伙伴接受了这个设计方案，他们继续推进合作，并达成了最有效点交易！

本章小结

鉴于电子沟通的普及，我们必须积极主动地培养和改善我们的沟通方式。仅凭直觉或者仅仅依赖在面对面沟通中有效的方法很可能使接收方对信息产生误解。依赖"自动驾驶模式"回复电子邮件、短信和电话留言的人很可能会沦为某种电子沟通影响的牺牲品，并深受其害。请使用本章提供的方法来避免上述情况吧！

Chapter Eight **Putting It All Together**
第 8 章 实践"谈判妙招"的妙招

到目前为止，我们已经涵盖了很多领域，并讨论了很多来帮助我们寻找商务和虚拟生活中的最有效点"妙招"。如果你和我的很多学生一样，对工作有高标准和严要求，家庭生活非常忙碌，日程安排超负荷，那么你可能会感到不知所措。究竟如何开始将这些想法付诸实际行动呢？让我们面对现实吧：纸上得来终觉浅，绝知此事要躬行。

现在，你可能已经知道，我们需要一些行动妙招！你可以将行动妙招想成妙招中的妙招！

妙招 1

习惯成自然

在我的生活中，从整理房间到健身，再到写日记，我个人最喜欢的就是"复合维生素"妙招。如果你想把某件事变成一种习惯，那么无论如何，每天你都需要把这件事做一次。你可以选择时间和地点，但你需要每天做，每天！例如，你会因为无法进行某项活动而说："我明天做两遍。"但对我而言，这意味着我会在睡前健身，或者会在等火车的时候写日记。这不是让事情变得完美，而是真诚地去努力。

第8章
实践"谈判妙招"的妙招

好消息是,你几乎可以将任何一种日常情况当作测试平台,来尝试本书中介绍的某一个妙招。例如,当我在一个教育设计委员会任职时,我发现自己处于一种艰难的境地,委员会中还有其他几位教授,包括正教授、副教授和实践教授。委员会的成员之一是一位兼职讲师,按照我的理解,他的角色是提供帮助和支持,所以我请他帮忙准备报告、收集信息和安排会议。他提供了报告和信息,却没有安排会议。在大约两三个月的时间中,我一再提出会议要求,而他并未执行,我们双方都很沮丧。于是,我采用了换位思考的妙招,目的是更多地了解他如何看待自己在团队中的角色。如上所述,我认为他的角色是为设计团队的成员们提供信息和支持的辅助人员。然而,他对自己的角色却有着截然不同的看法,他并不认为自己只是提供帮助,而是认为他为设计团队做出了实质性贡献。在一次一对一的会议上,我直截了当地问他为什么从来没有安排会议。他皱着眉头说,他认为那项任务有失身份,不应该是他做的事情。我想出了一个主意。我说:"那么,如果我可以找到一个人,甚至可能是我自己来安排会议,你愿意为这些会议提供报告和信息吗?"这招奏效了,他说这样的安排会让他开心很多。从那以后,我们合作得很愉快。

妙招 2

养成一个新习惯

一个特定的行为大约需要 66 天才能成为习惯。所谓"习惯",我们指的是一种行为将成为你反应层次结构中相当永久的一部分。菲莉帕·拉利(Phillippa Lally)是一位健康心理学家。她用了 12 周时间,研究了 96 个人的习惯。在这项研究中，每个人都被要求选择一个新习惯，并每天报告他们是否有这种行为，以及这种行为是如何"自动"做出的。有些人选择了简单的习惯，如午餐时喝一杯水；另一些人则选择了难度更大的任务，如饭前跑步 15 分钟。人们养成一个新习惯需要 18~254 天不等（平均需要 66 天），这意味着他们会不假思索地自动去做这件事。最重要的是，即使你错过了一天，也不会对习惯的形成产生实质性的影响。所以，给每个妙招留出至少 66 天的时间，让它成为你 DNA 的一部分吧。

就我而言，我需要改变一个习惯，并用一个有效的新妙招来取代它。几年前，我有一种（不好的）习惯，即立即回复电子邮件，这可能是因为我想立刻清空收件箱。为了掌握最新情况，我还在深夜发邮件。遗憾的是，两件令人不快的事情也因此发生。我不止一次把邮件发错了人，有一次是发给塔琳的，却发给了同名的另一位塔琳。这太尴尬了。"谢天谢地，得亏我不是在策划谋杀！"当收件人指出我的错误时，我胆战心惊地说。一个更严重的问题是，我的电子邮件内容有时过于苛刻或具有防御性，尤其是当我回答问题或拒绝请求时。因此，我使用了一个妙招，那就是从不在下午 6 点以后发送任何有负面信息的邮件；取而代之的是，我会先写一条短信，将其放在"草稿"夹中后就去睡觉，然后第二天早上再以全新的心态去编辑它。

妙招 3

学会自我调侃

你可能知道，我的写作风格很强硬，我的教学风格也是如此。我的学生们指责我在课堂教学和讨论冲突、合作和谈判技巧时直言不讳。作为一位女性,我知道自己会无视很多关于端庄、温柔和八面玲珑的刻板印象。所以,我提出了一个可以在教室里使用的自我调侃的妙招,我称自己为"高个子的坏女人"。当我称自己是高个子的坏女人时,班上的同学通常都会笑,因为我清楚地表述了他们一直有(却不敢说)的想法。因此,一旦我们都知道我将使用对抗性风格(而且这不是针对个人的)时,课堂讨论就会进行得更顺利。

这个妙招对你有什么帮助呢?它能在两个方面对你有所帮助。第一,如果有人开始指责你爱多管闲事或者说你是一个无所不知的人时,那就给你自己起个绰号吧!你可以说:"我正在努力帮助我认识的每个人找到最有效点,不管他们喜不喜欢!请叫我'万事通'!"第二,你随时可以批评我!你可以说:"我个人承诺,要把在这本书中读到的内容付诸实践。"

妙招 4

电梯游说[①]

我使用过(并从中受益)的一个技巧是通过提及一项研究来轻松地与人们开始晚餐上的谈话。对很多人而言,这会让他们立刻翻个白眼,然后开始看手机。所以,我尽量让我说的内容更有冲击力、更简短有趣,希望能得到一些反馈。例如,我会说:"你有没有听说过,

---

① 电梯游说是指利用像乘坐电梯时的简短时间,用极具吸引力的方式简明扼要地阐述自己的观点。——译者注

当人们在讨论中陷入沉默，20秒什么都不说时，他们往往会想出一个双赢的解决方案？"（和十几岁的孩子在一起时，这句话可能比较适用。）或者我会说："我一直在思考关于镜像肢体语言的研究。作为销售人员，你怎么看？"（和销售人员在一起时，这句话可能比较适用。）当然，提及这些能挑起话题的内容的关键是要学会如何快速介绍最有效点妙招（几乎是以电梯游说的方式），并让对方参与讨论。毫无疑问，他们会问你很多问题，这正是你学习解释和介绍妙招的方式。

我的一名学生用电梯游说妙招给自己争取到了一份工作。当时，她正在接受一家公司的正式面试，突然隔壁房间里爆发了一场激烈的冲突。面试官为这次"激烈的讨论"道歉说："他们是公司中志同道合的两位合伙人，但他们的意见并不总是一致。"听到这些，我的学生考虑了一下，提出了"热–暖–冷"妙招，并讲述了她如何通过从"接受–拒绝"对话转向使用"热–暖–冷"妙招来解决情感冲突，并将讨论的重点转为双赢的解决方案及其在合作伙伴与客户关系中的价值。结束面试走出来的时候，她的手里握着一份工作邀约！

妙招 5

帮助别人应对他们面临的冲突或谈判

我们身边都有一些不羞于分享个人人际关系问题的同事。我经常挑战自己，不只是单纯地同情任何告诉我人际关系问题的人（如"是的，这个世界到处都有混蛋"），而是温和地把注意力放在他们身上（如"你知道，冲突通常都有两面，我想知道对方现在对同事说了你什么")。我尽量不表现出对抗性,而是传达这样的信息:"多跟我说说你的情况吧。我并不是持牌医生,但我学习了一些人际关系和职场冲突的应对技巧,我很想看看它们能否帮到你。"

特蕾莎是一位工商管理硕士项目晚间课程的经理学员,她向我讲述了一次特别紧张的职场冲突。冲突涉及一位名叫罗恩的高层领导。在她看来,罗恩在故意破坏她的工作。"他怎么会有这样的动机呢?"我问道。"嗯,客户更喜欢与我一起工作,这让他觉得受到了威胁,所以试图在客户会议上打压我。"她回答说。特蕾莎的解释让我想起了我和塔尼娅·梅农教授在威胁免疫方面的研究。研究显示,人们认为自己会对他人产生威胁。在这种情况下,我不太可能听到罗恩的说法,所以我需要想出一个可行的办法。我请特蕾莎告诉我即将与客户会面的情况,然后我们开始设计她如何在需要时使用"我不生气,只是很失望""开始使用你的'我们'吧"和"休戚与共"这几个妙招。如果罗恩试图在会议上打压她,那么特蕾莎就可以表示出失望,而不要当场攻击他,并建议他们采取不同的策略进行测试。她可以这样说:"您可以看到,作为客户团队,我们对您的业务具有很大的意见分歧。在确定一种方法之前,我们喜欢考虑不同的方法。我们虽然有激烈的争执,但在充分满足您的需求方面是一致的。我们都相信数据,鉴于此,我们对如何测试干预措施的有效性有一些想法。"

事实证明,罗恩的确试图在下次客户会议上打压特蕾莎,暗示她所做的研究毫无价值。特蕾莎出色地保持了冷静,然后使用了"休戚与共"这一妙招,提出对两种干预措施的有效性进行测试。客户喜欢这种基于证据的方法,这帮助特蕾莎提高了自己的可信度,同时可能让罗恩在将来再想打压她时会先想想。

妙招 6

熟能生巧

我的诸多不良嗜好之一是看电视真人秀。我知道，作为一位所谓的"杰出"教授，我应该不屑于看电视，而应把业余时间都花在阅读知识性书籍和晦涩难懂的研究报告上。实际上，这与事实相去甚远。更糟糕的是，我常常被很多流露情感（可能是虚假的）的电视节目吸引。我最喜欢的节目之一是《天国的单身汉》(*Bachelor in Paradise*)。节目的设计很简单：一位单身男性（或女性）被安排在一座岛上，岛上有很多女性（男性），经过几个月的拍摄和约会，他（她）会选择其中的一个人作为伴侣。在这个过程中会出现很多错综复杂的关系，使故事一波三折。自然，戏剧性的场面、冲突和误解以及各执一词的情况比比皆是。

妙招派上用场了。当我看到一对情侣正在经历某种关系压力时，我会尝试想出一个可行的妙招。"别生她的气，兄弟！要表现出失望！""不要说你对他失去了信任，告诉他你有所'怀疑'！""在谈论你们的关系时，不要用'我'这样的词！开始用'我们'这样的词吧！"

毫无疑问，你已经把我看透了。我打着"我在做观察研究"的幌子，为自己观看属于年轻人的电视节目的行为辩护。看这种电视节目让我有种带有负罪感的快乐。我可以告诉你的是，如果你试着看这样一个节目，你很快就会发现，它会让你获得很多实践经验，你不需要

第 8 章
实践"谈判妙招"的妙招

拿着这本书或你的笔记去查找一个在人际关系找到最有效点的妙招。得之于手而应于心!

顺便说一下,在你对我失去所有信心之前,我还是会看一些有商业背景的节目的。实际上,同样的妙招也可以用在商业中。在写这本书的时候,我对 HBO 电视网的《继承之战》(*Succession*)和美国电视网(Showtime)的《亿万》(*Billions*)两部电视剧做了一些研究。这些电视剧会使其中的角色处于很多棘手的商业场景中。在这些场景中,我们很多的职场妙招都可以派上用场,而且相当实用。

妙招 7

"让我们试试别的吧"

关于冲突,我观察到的一点是,无论在家庭中还是在职场中,冲突往往是反复发生的,这意味着夫妻之间往往会就类似的事情发生争吵,同事们往往会就同样的问题争论不休。这通常是因为冲突没有得到解决,并且有重新爆发的可能。当冲突再次发生时,人们往往会拿起"老剧本",说同样的台词。这当然会令所有相关方都沮丧不已。

可能打破这种模式的一个方法是放下老剧本,提出"让我们试试别的吧"的建议。这个建议无疑会遭到怀疑,对方会想:"你到底在想什么?"甚至会说:"如果你这样说,我就不会同意你的条件!"关键是要告诉对方,你看到你们陷入了一个双输的恶性循环,你也有一部分责任,并希望找到一个双赢或最有效点解决方案,这样你们都可以向前迈进。假设对方同意他们想继续前进,你就可以(使用一个最有效点妙招)提出一个建议。

我的一位聪明的高管学员在一次职场冲突中尝试了这样做,当时他与一位同级领导的会议正进入白炽化。他使用了"不动声色地写在墙上"这个妙招,这种方法通常适用于团体场合;但在这种情况下,他想起我曾提到过的视觉接触和睾酮研究,于是他向对手保证,如果他们看不到进展,可以回来接着互相侮辱!

妙招 **8**

不要为了一棵树而忽视整片森林

在我的教学中,我广泛使用了体验式学习,因为我知道,当人们进行类似于现实商务生活的模拟(而不仅仅是被动阅读案例)时,他们会学到更多。但是,挑战在于如何确保课堂或培训课程中使用的模拟能够在实际的商务场景中带来最佳实践。

我很快就迷上了这一挑战,我和同事们将其称为知识转移问题。令人震惊的是,我们发现,管理者们在随后的商务场景中往往并没有使用他们在课堂上学到的各种最佳做法。这个发现让我们管理者很伤心,因为这表明管理者们虽然拥有一些非常有效的储备技能,但是他们竟然没有使用!这种令人遗憾的情况被称为惰性知识问题(inert knowledge problem)。正如一名学生发出的感慨那样:"我知道答案,但期末考试时却想不起来!"鉴于常见的商务场景实质上就是现实生活中的"期末考试",对商务人士和那些寻找工作和生活中最有效点的人而言,如何才能使知识变得更加便于使用和获取呢?我们需要妙招!

我和我的同事们就惰性知识问题进行了几十次实验,发现了一种被我称为"诺亚方舟法"的方法。我经常教授这种方法，它的工作原理是这样的：当试图学习一种新的技能、策略或战术时，不要只看一个商业案例或一种技能的例子，要看两个或更多个。就像诺亚会将每种动物中的两只放在方舟上进行圣经之旅一样，成熟的管理者需要确保他们至少研究了每种最佳方法的两个例子。为什么？当我们阅读一个包含关键学习点的商业案例（或听一个例子）时，材料既包含表面信息，也包含实质性信息。在理想情况下，我们需要保留实质性信息，而不是被表面信息所困扰。通过分析两个或两个以上具有相同实质性要点（但可能包含非常不同的表面细节）的案例或例子，我们更有可能记住实质性信息。妙招是搞清楚如何保持对森林的关注，而不被森林中的一棵树分散注意力。

在研究中，我通过鼓励人们在多个不同的场景案例中进行归纳来测试树木－森林的观点。我们发现，当建议人们阅读大量的案例并进行归纳时，这提高了他们的学习效果，而且随后，他们能将知识转移到新更多的情况上。例如，向管理者询问有关陌生行业谈判方案的宽泛性问题（如"这个策略与你自己的商务谈判有什么关系"）比向他们询问关于某个熟悉行业的狭隘性问题（如"这种情况下发生了什么"）更具开放性。反过来，开放性又使他们成功地应用了模拟场景中的关键学习点，来应对随后的真实谈判场景。

这意味着，当管理者只接触得到自己所在行业的谈判场景时，他们不太能够对随后的新情况给出关键见解。在本研究中，案例研究熟悉度干预和问题类型干预对学习均有显著的影响。而且，当这两种干预措施结合使用时，如让管理者在一个不熟悉的行业中接触一种谈判策略,并且被问及更宽泛的问题,就产生了比他们的基准绩效高出三倍以上的改善!从财务回报的角度来说,阅读案例研究的管理者接触到了一个陌生的行业,被问到了更宽泛的问题(如"如何将其应用于你所在的行业"),并最终在新情况中达成了谈判协议,创造了100多万美元的利润。他们找到最有效点的可能性比那些专注于自己所在行业的人几乎高3倍,因为后者只见树木、不见森林。

请记住,诺亚方舟法和本书中的所有其他方法不仅适用于商务场景,而且适用于更广泛的生活场景。我们的观点是无论是:在工作和人际关系中,还是在任何其他类型的互动中,我们都要通过从众多案例和经验中学习来提高找到最有效点的关键技能,正确的学习和实践才能成就完美。

本章小结

请记住,并不是所有在个人、职场和网络冲突中寻找最有效点的尝试都会成功。例如,我的一位高管学员斯蒂芬妮打电话跟我抱怨说,她的工作真的很令人沮丧,尤其是公司的薪酬体系不透明。她说:"每次我们找到新客户时,我们和公司都会在如何分配收益方面大吵一架。没有透明的体系,我感到自己被利用了!"因此,斯蒂芬妮尝试使用了"书面头脑风暴"这个妙招,她请客户团队的每位成员都提出了一个收益分享方案,该方案将作为未来的透明模式。斯蒂芬妮主持了一次精彩的书面头脑风暴会议,设法解决与新客户有关的冲突,但她未能成功地让团队就未来的标准收益分享体系达成一致。她最终意识到,由于清晰度不足和缺乏响应,她会继续感到沮丧(而且薪酬过低），于是她跳槽到其他公司了。虽然斯蒂芬妮无法解决原来公司的核心冲突，但正如她所说，她更快地在生活中找到了更好的地方，因为她首先提出了问题，并验证了公司的价值观。

无论在现实世界还是虚拟世界，冲突、纠纷、误解和谈判都是在生活和工作中找到最有效点的机会。当我们与不理解我们观点的人谈判时，如果实施寻求最有效点的策略，那么我们的恐惧和犹豫可能就是可以克服的自然反应。

我希望你能将本书介绍的策略积极地应用到生活的各种场景中。我相信你一定会为此感到兴奋。

后　记

2018年7月14日，那是一个周六，我和朋友丹妮在一条小路上悠闲地骑着自行车。这时我发现一个人正从左边靠近我们，他背着一个大背包，戴着耳机，手里拿着苹果手机。但已经来不及了，我迅速向右移动，可是他的背包还是撞到了我的车把，我的自行车一下子停了下来。我摔倒了，摔得很厉害。我感到头盔后部撞到了柏油路面。我用双手和膝盖撑地，挣扎着站起来。"你没事吧？"丹妮问。"我不知道。"我站在那里说。"你试着走两步。"她建议。但我做不到，我的右腿动不了了。一动不动地站了15分钟后，我别无选择，只好拨打了911。

丹妮留在原地，我坐着救护车去了急诊室。一到那里，我就试着让自己冷静下来。我的腹股沟旁边剧痛不已。在等医生期间，我开始在谷歌上搜索关于"腹股沟拉伤"和"腹股沟撕裂"的信息。我不知道周日还能不能完成四个小时的骑行。

主治医生解释说他不是骨科医生。他想排除股骨骨折的可能性，就在那块区域附近按压。"如果你的股骨骨折了，你会痛得尖叫，"他说，"但你没有。我们还是要给你拍张X光片。"

我笨拙而痛苦地上了 X 光检查台。然后，我等待了很长时间，这让我有时间"胡思乱想"。我开始在脑海中列出最糟的情况，以便让自己冷静下来。我丈夫出城了，儿子和十几岁的女儿在家里睡觉，只有儿子会开车。

45 分钟之后，当主治医生回来时，他避免了与我的眼神接触。此时，我知道这是个坏消息。他平静地说："有骨折。"我觉得鼻子发酸，我要哭了。他指着 X 光片，让我看我右骨盆的图像，说："有两处骨折。"耻骨支骨折。第二天骑车的希望破灭了。我突然想到了最坏的情况。"手术？不能动了？"我问。医生没有回答，他让我在 48 小时内去看骨科医生。

我还穿着汗津津、摔破了的自行车运动衫和短裤，冷得要命。我只想离开那里，我想要洗个热水澡，想要躺在自己的床上。但医生说："我不能让你离开。不安全。"

"我需要怎么做才能离开？"我问。

"让我看到你能在急诊室里走动。"

"走多远？"我跟他谈判。

"一直走到大厅。"

"可以扶着墙走吗？"

"不可以。"

"用拐杖呢？"

"不行，我觉得不行。太不稳当了。"

最后，我通过谈判达成了一致，如果我能证明我可以利用助行器移动，就可以被放走。我做到了。我打电话给熟睡的儿子，他没接。"我能打车走吗？"我问。医生摇了摇头。于是，我打电话给女儿，让她叫醒儿子来接我。

周末剩下的时间简直糟透了。我睡在冰袋上，右腿下垫着枕头，整晚都播放着音乐，以阻止自己胡思乱想。

接下来的周一，我收到了第一个好消息：我不需要做手术了。然而，我要等6~8周才能骑车。没什么大不了的，对吧？

不对。在过去的12年里，骑自行车已经成为我生活的一部分了。我从2006年开始骑行，2007年开始训练，2008年开始参赛。我像一个机器人一样训练，并在2008年获得了美国大师赛全国计时赛冠军。2010年，我把目标定得更高了，并且获得了大师赛世界冠军。我曾连续八年获得了美国伊利诺伊州计时赛冠军。我有九辆自行车，每周训练15个小时。这是我不可缺失的一部分。

我的精神很快就崩溃了。看到自己的自行车停在车库、办公室和房子里，我不由自主地哭了起来。我知道我的有氧运动能力会迅速变差，心理健康状况也会随之变差。心理健康的确是骑行运动的额外收获。

丈夫和女儿告诉我，我应该将我通常在骑自行车时投入的所有精力、训练时间和奉献精神都转移到其他事情上。但是，考虑到骑自行车对我的意义，我想象不出那会是什么。

我开始思考，在开始骑自行车之前我是谁。是的，这样的时间是存在的。一天早上，我一觉醒来，想着在接下来漫长的一天，我不会再穿上骑行短裤骑车出去了。在那一刻，我想到要写一本新书，讲述如何找到双赢的解决方案，来解决那些顽固棘手和令人沮丧的问题。

我决定把写作项目当作训练计划来对待。我会选择一个开始时间和每天写作的具体时间。我会设定一些简单的目标。第一天是令人沮丧的。我很郁闷。我告诉自己，就在纸上写上些字吧。我没有强迫自己，而是开始想象自己正站在教室里。我想起了一些我最喜欢的学生和我们曾经的对话。于是，文思如泉涌。

我的心情也开始好转。第10天，我试着坐上自行车，它被稳稳地安装在我办公室的一个训练器上。我轻松地骑了30分钟，写了30分钟。每天，我都会增加花在写书和骑自行车上的时间。

我不知道是写书让我重新骑上了自行车，还是骑自行车让我写出了书。书和自行车是我在一个看似非常痛苦的双输局面中获得的双赢。

这本书就是那段艰难时期的产物，也是克服人生巨大挑战的象征。仅以此书献给所有我关心的人们，以及那些帮助我在至暗时刻找到最有效点的人们。

Negotiating the Sweet Spot: The Art of Leaving Nothing on the Table

ISBN: 978-1-40021-743-4

Copyright © 2020 Leigh Thompson

Authorized Translation of the Edition Published by HarperCollins Leadership, a division of HarperCollins Focus, LLC..

No part of this publication may be reproduced, stored in a retrieval system or transmitted in any form or by any means, electronic, mechanical photocopying, recording or otherwise without the prior permission of the publisher.

Simplified Chinese rights arranged with HarperCollins Leadership, a division of HarperCollins Focus, LLC. through Big Apple Agency, Inc.

Simplified Chinese version © 2021 by China Renmin University Press.

All rights reserved.

本书中文简体字版由 New Harbinger Publications 通过大苹果公司授权中国人民大学出版社在全球范围内独家出版发行。未经出版者书面许可，不得以任何方式抄袭、复制或节录本书中的任何部分。

版权所有，侵权必究。

北京阅想时代文化发展有限责任公司为中国人民大学出版社有限公司下属的商业新知事业部,致力于经管类优秀出版物(外版书为主)的策划及出版,主要涉及经济管理、金融、投资理财、心理学、成功励志、生活等出版领域,下设"阅想·商业""阅想·财富""阅想·新知""阅想·心理""阅想·生活"以及"阅想·人文"等多条产品线。致力于为国内商业人士提供涵盖先进、前沿的管理理念和思想的专业类图书和趋势类图书,同时也为满足商业人士的内心诉求,打造一系列提倡心理和生活健康的心理学图书和生活管理类图书。

《高效思考:成功思维训练法》

- 打破思维的壁垒,让你的每一次决策更加准确、有效。
- 对大脑进行科学训练,让你成为高智商人士。
- 借助分析性思考、提问式思考、综合思考、平行思考、创造性思考、水平思考等模式,使你的思维变得更具创造性,让你学会用强大的新方式思考和解决问题,同时带给你无限的创新机会。

《专注力修炼:不分心的智慧》

- 我们的生活之所以得到升华,是因为专注力得到强化,使我们获得了对生活的意义感,并在这个世界上获得一种位置感。
- 采访全球 20 余位各领域的成功人士,聆听他们对专注力的理解,探索专注力的真谛,总结修炼专注力的方法。

《博恩·崔西口才圣经：如何在任何场合说服任何人（白金珍藏版）》

- 美国首屈一指的商业演说家博恩·崔西持续畅销经典之作。字字珠玑、句句经典，改变了2 000 000人生活和事业的口才训练指南。
- 作者将讲述如何在公众面前保持自信、积极和放松，如何从一开始就抓住听众的注意力，如何运用肢体语言、道具和声音技巧等让听众始终专注听讲，如何做到在多个讲话要点之间自如过渡，如何从容应对听众的各种质疑以及如何以权威而有力的收尾结束演讲。

《沟通问题书：经理人必知的高效管理法》

- 基于25年对全球超过9万管理人员的教练实战经验总结出的管理黄金法则。
- 众多500强企业管理者推荐，一本让管理尽可能变得简单实用的高效管理书。

《学会辩论：让你的观点站得住脚》

- 罗辑思维精品推荐。
- 无论是成功地进行口头或书面争辩，还是无懈可击地阐述自己的观点，并让他人心悦诚服地接受，背后都有严密的逻辑和科学方法做支撑。
- 只有掌握了本书所讲述的重要的辩论技巧和明智的劝服策略，才能不被他人的观点带跑、带偏，立足自我观点、妙笔生花、口吐莲花！

《个性优势：揭示个人能力真相的心理测评》

- 发现个性优势，开发个人潜能，让个性成为人生腾飞的起跑器。中国科学院心理研究所研究员、中国心理学会心理测量专委会副主任张建新和壹心理创始人黄伟强作序推荐。
- 3大主题测试、26张个性测评表格、9个练习，归结出6项人格因素，15种工作偏好组合，7个关键生活领域，能帮助人们更好地了解自己的个性优势所在，从而更好地在工作中发挥自己的个性优势，实现工作与生活的和谐与平衡。

《与情绪和解：治愈心理创伤的 AEDP 疗法》

- 加速的体验性动力学心理治疗（AEDP）创始人戴安娜·弗霞博士、AEDP 认证治疗师和督导师叶欢博士作序推荐。
- 借助变化三角模型，倾听身体，发现核心情绪，释放被阻断的情绪，与你的真实自我相联结。
- 让你在受伤的地方变得更强大。

《拥抱受伤的自己：治愈心理创伤之旅》

- 一本助你重新拼起心理碎片，从创伤中走出，重获完整自我的专业指南。
- 哈佛医学院研究员、心理学家施梅尔泽博士近30年重复性创伤治疗经验的集大成之作。
- 北京师范大学心理学教授、博士生导师、中国首批创伤治疗师王建平教授作序推荐。